KB274567

타이거 파파 이글 맘

파워 육아법

심혁창 편저

도서출판 한글

옛날에는 자녀가 중대한 범죄를 저지르면 그의 부모는 사회가 요구하지 않더라도 자살을 하기까지 해서 사회에 속죄하기도 했다. 그러한 자세는 부모로서의 강한 책임감의 표시라고 본다. 그러나 오늘날은 그것을 미덕으로만 보지 않는다. 자녀 교육은 유치원이나 초등학교에서 시작되는 것이 아니고, 이미 거기에 이르기 전에 가정에 있으며, 학교에 등교하기 전이나 잠자리에서 일어나기 이전부터, 아니 자고 있는 동안에도 이미 가정 내에서 시작되고 있다는 사실을 잊어서는 안 된다. 가정에서의 자녀의 버릇이나 교육에 대해 우리는 크게 반성해야 할 시점에 이르렀다.

머 리 말

이 파워 육아법은 스파르타식 교육과 미국·일본·유대 등 여러 나라의 자녀 양육법을 참고로 편찬하였습니다.

같은 자식이라도 교육 방법까지 똑같을 수 없다는 것을 부모님들은 몸소 경험했을 것입니다. 같은 형제라도 말로 해서 듣는 아이가 있고 매를 들어야 하는 아이가 있습니다.

일반 상식적인 육아법과는 다소 차이가 있는 내용이 있지만 반드시 참고하여 두시면 유익할 것입니다.

요즘 부모님은 사회의 외적 변화에만 신경을 쓰고 본질적인 인성교육을 소홀히 하는 경향이 많습니다. 그 결과 자녀들은 어린이로서의 자질을 잃고 부모님의 대리만족을 위한 존재로 성장하는 경우가 있습니다.

'우는 아기 달래야 하나 놔두어야 하나' 하는 문제로 영국애서 출간된 책이 이슈가 되고 있습니다. 육아전문가 페넬로프니치는 그의 저서에서 우는 아기를 반복적으로 내버려두면 아기의 두뇌 발달에 악영향을 미쳐 학습 능력을 떨어뜨릴 수 있다고 경고했습니다. 우는 아기를 방치하면 아기의 스트레스가 지속되어 스트레스 호르몬인 코티솔이 과도하게 분비되어 두뇌를 손상시킨다는 것입니다.

　반면 지니 포드와 같은 육아 전문가는 이와 상반되는 주장을 합니다. 포드의 육아법은 아기가 20분 동안 계속 울게 내버려 두면 아기는 이런 과정을 통해 적절한 시점에 잠드는 법을 익히게 된다고 주장합니다.

　또 우는 아기는 잠깐 동안 그냥 두는 것이 좋다는 '온건론'도 있습니다. 우는 아기를 장시간 그냥 두는 부모는 없겠지만 몇 분 정도는 두었다가 달래는 것은 문제가 없을 것이라는 말입니다.

　이렇게 육아법에 이견이 있듯이 스파르타교육이나 영미 여러 나라의 육아법에도 견해차가 있습니다. 그것들을 넓게 이해하고 자녀 교육에 임하는 것이 좋을 것입니다.

　책 끝에 필자의 창작 동화 〈아빠 뱀, 새끼 용〉과 초등학생이던 어린 날의 체험기 〈공부는 잘하는가 보구나〉라는 글도 읽어 두시기 바랍니다. 젊은 부모님들께 꼭 하고 싶은 저의 이야기입니다.

　저는 농사꾼으로 만들고 싶어 하신 아버님의 뜻을 이루어드리지 못하고 이렇게 출판인으로 동화작가가 되어 불효를 하고 말았습니다. 자식은 부모님의 뜻대로만 되지 않고 나처럼 되기 쉽습니다. 기억해 두시기 바랍니다.

아동문학가(웃는곰) 심 혁 창

CHAPTER 2 ● 삶의 진실을 가르쳐라 / 55

CHAPTER 3 ● 연약한 사내로 키우지 말라 / 77

CHAPTER 4 ● 창조력(創造力)을 길러라 /113

CHAPTER 5 ● 평범한 인간으로 만들지 말라 / 141

CHAPTER 8 ● 강건한 육체로 단련시켜라 / 215

CHAPTER 1

아버지의 권위를 확고하게

타이거 파파 교육열

미국서 성공한 한인 앵커 주주 장의 고백은 이렇다.

"스파르타식 호랑이 아버지의 교육 때문에 성공은 했지만 나의 어린 시절은 고통스러웠다."

미국 3대 방송인 ABC방송의 간판 앵커 장현주(45.미국명 주주 장)씨는 역대 미국에서 가장 성공한 한인 방송인이다. 그가 진행하는 ABC 방송의 굿모닝 아메리카는 매일 500만 가구가 시청하는 미국 내 아침방송 2위 프로그램으로 바버라 월터스 다이엔 소이어 등 미국을 대표하는 여성 방송인이 맡아 진행했다. 장 씨는 최근 미국 사회를 발칵 뒤집어 놓으며 모든 언론이 나서 찬반을 다룬 '타이거 맘' 논란으로 주목을 받았다.

타이거 맘이란 엄격한 스파르타식 교육을 시키는 호랑이 엄마를 말한다. 이 논쟁을 촉발하며 중국 엄마들이 우월하다고까지 주장한 에이미 추아 예일대 교수와 인터뷰하면서 장씨는 나는 타이거 부모 밑에서 호랑이 새끼로 교육받았지만 내 아이들은 반대로 키우고 싶다고 했다. 호랑이 부모 밑에서 크는 자녀의 심정을 대변한 것이다.

그는 16일 뉴욕ABC방송 스튜디오에서 만났을 때도 '호랑이 아버지의 교육을 받는 동안' 나 스스로를 나쁘게 생각하며 많은

> 아버지 장 팔기(79)씨는 딸들에게 너희들은 한국인으로서 단순히 이
> 민자가 아니라 미국을 정복하러 온 개척자라며 체력의 중요성을 강
> 조했고 수영을 배우게 했다.

시간을 보냈고 불안정하고 우울했다고 털어 놓았다.

장씨 가족은 그가 4살 때 서울에서 미국으로 갔다. 아버지 장 팔기(79)씨는 딸들에게 너희들은 한국인으로서 단순히 이민자가 아니라 미국을 정복하러 온 개척자라며 체력의 중요성을 강조했고 수영을 배우게 했다.

새벽 5시에 일어나 1시간 반. 학교 수업 후 매일 3시간씩 수영 연습을 한 덕에 장 씨는 미국 평영기록 랭킹 6위의 선수로 올랐다. 호랑이 부모의 엄격한 교육 덕에 그는 고교시절 뛰어난 성적과 학생회장. 연설대회 우승. 스탠퍼드와 하버드대 동시 합격. ABC 방송 입사. 에미상 수상 등을 기록하며 숨 가쁘게 성공 가도를 달렸다.

장씨는 그러나 지금도 불안정감이 나를 몰고 간다며 내 아이들은 이런 것에서 해방시키고 싶다고 말했다. 장씨의 호랑이 부모들은 지금도 캘리포니아에서 모텔을 운영한다. 한때는 꽃가게와 샌드위치 가게까지 세 가지 일을 했다. 그는 부모가 회생하는 모습을 보며 보답해야 한다는 책임을 느끼면서 또 한편으로 내 아이들은 이런 식으로 키우지 않겠다는 다짐도 했다고 말했다

장씨는 아이들이 놀지 못하게 하고 엄격하게 교육하는 야심찬 한국 엄마들에게서 타이거 맘의 모습을 발견한다고 말했다. 그러

나 자신은 아이들이 미국 동부 명문대인 아이비리그에 가기보다는 중위권 대학에 들어가 더 많은 기회를 갖고 뛰어난 능력을 발휘하길 기대한다고 했다. 너무 경쟁이 심한 곳에 아이들을 보내고 싶지 않다는 것이다. 장씨는 '아버지는 내가 이기고 정복하고 물리치길 바랐지만 내 욕심은 아이들이 좋은 삶을 사는 것'이라고 했다. 장씨는 ABC방송에서 프로듀서로 활동하던 시절 만난 닐 샤피로 WNET회장과의 사이에 10살, 7살, 3살 된 아들 3명을 키우고 있다.

장씨가 유명 앵커로 되기까지 그의 생각처럼 평범한 아이로 부모가 양육했더라면 지금의 유명인이 될 수 있었을까? 그 부모는 딸의 특성을 발견했을 것이고 그것을 돕기 위해 타이거 맘이 되어야 했을 것이다. 부모는 자식을 훈계할 때 독수리가 되어야 한다.

훌륭한 아이보다 행복한 아이로 키운다

한국 축구사에 남을 인물들이 많지만 그 중에서도 박지성 아버지 박성종 씨가 아들을 키운 육아법이 주시할 만하다.

수줍음 많은 아이 박지성은 유독 축구공만 차면 활발해졌단다. 아들이 축구선수가 되고 싶어 하는 것을 확인한 아버지는 고심 끝에 아들의 뒷바라지를 하기로 결심하고 '훌륭한 축구선수보다 행복한 축구선수'로 키우고 싶었다고 고백했다.

그렇게 결정한 아버지는 아들이 축구를 잘 할 수 있도록 격려해주는 든든한 지원군이 되었다. 아버지는 아들이 세계적인 스타 플레이어로 성공하는 법이 아니라 어떻게 하면 아들이 좋아하는 일을 행복하게 할 수 있는지 그 방법을 연구했던 것이다. 그리고 자신의 경험담을 글로 써서 책으로 펴내기도 했다.

아이의 꿈이 꿈으로만 그치는 게 아니라 어떻게 하면 행동으로 옮길 수 있으며 재능을 제대로 발휘하게 할 수 있는지를 연구하는 사람보다 훌륭한 아버지는 없다. 공부는 싫어하고 다른 것을 좋아할 때 부모들은 자기가 못 이룬 꿈을 자식을 통해 이루려는 심리가 작용하여 아들이 정작 하고 싶은 것은 못하게 막는 경향이 많다. 박지성 아버지처럼 자식의 재능을 살려주면서 행복하게 그 방향으로 달려갈 수 있도록 돕는 것이 부모의 역할이다.

아버지는 철학을 가져라

한 가정의 개성이나 성격을 결정하는 일은 아버지가 해야 한다. 아버지가 아니고는 할 수 없다. 누가 무어라 하더라도 아버지는 그 가족의 기둥이 되는 동시에 그 가정의 주재자(主宰者)가 된다. 그는 결혼 이전에 이미 남성으로서의 개성을 지니고 결국은 자기가 이루는 가정에 그것을 반영시켜 가정을 이루는 데 적합하다고 인정되는 그러한 여성을 선택하여 그를 아내로 맞이하게 된다.

여성이 남성에게 적극적인 구혼을 한다면 얘기가 다르겠지만, 오늘날 사회의 관습이 구혼은 남성의 의무로 묵인하고 있는 한 여성상위 운운은 실없는 잠꼬대에 불과한 것이다.

가정의 성격이나 그 가정에서 태어나는 자녀의 성격은 아버지가 부여해야 한다. 그 아버지는 사회의 관습이나 법률까지도 초월해서 자기의 개성을 충분히 표현할 수 있는 인생의 법도를 지니고 있어야 한다. 그것은 그 가정의 가훈(家訓)이 되고 가풍(家風)이 되며 가족의 마음의 열쇠가 되는 것이다.

가령 자녀의 경우라면 더욱 자연스러운 이야기가 되는데, 과자(사탕) 때문에 숨겨 주었던 도망자를 헌병에게 일러바친 자기 자식을 자기 손으로 죽이는 그러한 메리메의 걸작 소설 《마테오팔코네》와 같은 강렬한 인생의 자세는 귀담아 둘 필요가 있다. 그러한 철학을 아버지는 알아야 한다.

아버지란 그러한 철학을 참고삼아 스스로 자기 대(代)를 주도하고 자기의 가정과 가족을 조상들이 이룬 것보다 더 발전시키고 번영시켜서 조상들이 이룩할 수 없었던 크나큰 인간 사업을 자기 대에 착수해서 자녀들이 완수하도록 실마리를 만들어 주어야 한다.

평범한 것을 미덕처럼 착각하고 있는 이 획일화(劃一化)된 시대에, 획일화된 남자가 어디서나 나올 수 있는 그러한 인생관을 가지고, 어디서나 볼 수 있는 가정을 꾸민대서야 그것이 무슨 소용인가! 아버지가 생각하는 그 철학이 자녀들에게 반발을 사도 상관없다. 그 반발을 스프링보드로 삼음으로써 자녀들의 인간적 비약이 있는 것이다. 과거 미국의 대통령이었고 대통령 후보가 되었던 그러한 훌륭한 자녀를 키운 케네디 가문의 어른인 조셉 케네디는 그 가문의 한 관습으로 되었던 가족 토론에서 심지어는 자기 자녀들을 교사(敎唆)하기까지 하여 자기와 전혀 다른 입장의 의견을 내놓도록 해서 토론을 벌였다. 그렇게 그들의 가정교육은 진보적이었다. 아버지는 그 같은 철학의 실천성과에 있어서 할아버지를 능가해야 하고 자녀들 또한 아버지를 능가해야 한다. 그 진보가 쌓여서 인간의 사회 전체에 발전이 있으며 번영이 있는 것이다. 인간의 번영과 진보라고 하는 거대한 피라미드를 만드는 그 근거가 되는 가정을, 더구나 그 무형의 거점(據點)이라고도 할 수 있는 생(生)에 대한 철학을, 다시 말해 아버지는 '자기'라는 평범하게 보이면서도 실제에 있어서는 대용할, '바꿀' 수 없는 개체로서의 존재임을 굳게 자각해야 된다.

자기 나름의 가풍을 만들라

세상이 한결같이 획일화되어 가면 모든 인간도 획일화될 뿐만 아니라 그 같은 인간들이 구성원이 되고 있는 가정까지도 어느 집 안을 막론하고 모두 다 한결같이 된다. 그런 일은 참으로 서글픈 일이며 어이없는 일이라 하겠다. 인간 개개인이 이 무한의 시간과 공간 속에서 단 한 번 인생의 시기를 맞아 태어났다고 하는 고귀한 존재인 것처럼, 그 같은 인간이 부모와 자식의 인연으로서 이룩된 가정도 또한 평범한 존재가 되어서는 안 된다.

더욱이 벌집처럼 지은 아파트 단지 속에 틀어박혀 살다 보면, 술에 곤드레만드레가 되어 취해서 돌아올 경우에 이웃집으로 들어가나 자기 집으로 들어서나 똑같은 기분이 드는 것이다. 이러한 점에 저항하여 어느 기개 있는 만화가는 자기 자녀를 위해 획일화된 아파트 단지 속에서 자기 가정만은 결코 획일적이고도 평범하지 않다는 것을 과시하기 위해 이웃집과 다르게 자기 집 벽의 색깔을 다른 색으로 고쳐 칠했다고 한다. 수긍이 가는 이야기이다.

원래 인간의 존엄성이란 그 인간이 다른 사람과는 절대로 다른 개성을 지니고 있기 때문인 것이고, 또 그와 같이 가정도 역시 다른 가정과는 절대로 다른 개성을 가지고 있기 때문에 가정으로서 존재 가치가 있는 것이다. 가정이 지니는 개성이 여러 조건 때문에 말살되어 가는 현대에 있어 거기에 저항하여 가정에서 평범하지 않은 인간을 기르기 위해 부모의 노력에 의해서 비범(非凡)한 가풍을 세우는 마음가짐이 필요하다. 비범하다는 말은 다른 데와 비교하여 특별한 재능이 있다든지 지위가 있다는 말은 아니다. 단적으로 최소한 남과 다르다고 하는 것으로 족하다.

어느 소설가가 술회(述懷)한 바에 따르면 그 부모는 9월 1일 일본 칸토(關東) 대지진 기념일에는 겪은 인간의 극한적 궁핍을 잊지 않도록 하기 위해 밀수제비를 만들어 먹였었는데 그의 자식인 소설가는 다시 일본의 8월 15일 종전 기념일의 저녁 식사에는 똑같이 밀수제비를 먹는 것이 하나의 행사처럼 되었다고 한다. 이러한 것은 실없는 이야기가 될지는 모르지만 안 한 것보다는 훨씬 좋고, 그 같은 독특한 가정 행사를 부모는 마련할 필요가 있다. 이러한 행사가 독특한 가풍에서 생기고 오늘날 부모인 동시에 자식으로서의 없어지는 인간과 인간 사이의 강한 관계가 가정에 되살아나게 된다. 일본의 모리오가이(森鷗外)의 소설과 같이, 가문의 명예를 위해서 한 가족이 모두 싸워서 죽는 그러한 일도 비로소 생길 수 있는 것이다.

어느 시대를 막론하고 인간 사호를 바꾸어 놓는 것은 비범한 인간의 개성이다. 그리고 그런 인물은 평범하지 않은 비범한 가정에서 나왔다는 것을 부모는 잊어서는 안 된다.

아버지는 자신을 위해 일한다고 가르쳐라

누가 뭐라 해도 부모와 자식이라고는 하지만 결국 인간 대 인간의 관계에 불과하다. 부모가 되었건 자식이 되었건 간에 인간은 바꿀 수 없는(대신할 수 없는) 단 한번만인 자기 인생을 결국 혼자서 살아가는 길밖에 없다. 그렇다면 자기가 인생 속에서 선택한 방법, 다시 말해 사업이나 직업이란 것은 결국 자기 자신을 위한 것에 불과하다.

소니회사 모리다(盛田) 부사장의 강연 중에 그는 자기가 여러모로 지혜를 짜서 소니회사를 경영하고 있는 것은, 일본의 경제를 위한 것도 아니요, 더욱이 소니회사를 위한 것도 아니다. 그것은 다만 자기 자신을 위하여 라고 말했다.

이것은 '인간의 존재론'과 부합되는 것으로 대단히 감명 깊게 들리지만, 인간은 자기 자신을 위해서 그 직업을 선택하고, 노력하고 그렇게 함으로써 그 사업이 자기가 속해 있는 조직과 사회와 민족에게 이바지하는 것이다. 물론 그 직업을 통해서 우리는 약간의 보수를 받아 생활을 영위해 나가는 것인데, 일(활동)을 한다는 것은 결코 먹기 위한 것도 아니며 그렇다고 가족을 먹여 살리기 위한 것도 아니다.

그러므로 만약 가장(家長)이 어떤 경우에 어떤 직업을 자기의 존재나 자기 인생을 위해 부정하거나 거부함으로써 가족이 굶게 되었다 해도 아내나 자녀가 그 가장인 아버지를 견책할 수는 없다. 그러한 점을 자녀들은 가장(아버지)을 위해 깊이 인식해야 한다.

'PL 교단(敎團)'의 전신인 '인도 교단(人道敎團)'의 창시자 미키 도쿠하루(御木德一)는, 종교적인 진리를 탐구하기 위해 두 자식을 돌보지 않고 하루 종일 한 둘체 목신(木神) 앞에 앉아 기도만 드리고 있었다.

두 아들은 그 아버지의 사명감고 인생관을 깊이 이해했다. 활동하지 않고 아침부터 밤까지 한 개의 목신을 맞대고 기도드리고 있는 아버지를 위해 자식이 힘껏 일하여 아버지가 교단을 세우게 하였다. 그 보람으로 'PL 교단'이 생겨난 것은 어떤 의미에서는 부자간의 아름다운 모습이라고 할 수 있다.

부모가 활동함으로써 자식들을 부양하고는 있지만, 아버지가 일에 몰두하는 것은 결코 자식만을 위한 것이 아니라는 점을 자녀들은 인생 도상(途上)에서 깨닫게 해야 한다. 그것을 알고 난 순간부터 자식은 아버지(부모)가 한 것처럼 자기 자신의 인생을 위한 가장 적합한 방법을 자기 스스로 발견하고 그 길을 헤쳐 나갈 각오가 서게 된다.

자녀들에게 되풀이하여 일러줄 것은 '이 아비는 너희들에게 지금은 할 수 있는 일을 다하고 있지만, 너희들이 신문 배달을 할 수 있고, 최소한도의 식생활을 할 수 있게 되는 순간, 이 아비는 지금의 아비와는 전혀 다른 사람으로 바뀌게 될 수도 있다'는 점을 인식시켜 주어야 한다.

부모는 자부심을 가지고 일한다고 가르쳐라

자존심 없는 남자처럼 비겁한 인간은 없다.

'자아광(自我狂)'이란 말이 있다. 자기 자신의 능력을 믿고, 자기의 개성을 믿으며, 자기에게 몰두하는 그러한 사람을 평범한 인간이 본다면 일종의 미치광이 자아광이라고 부를지 모르지만, 필경 이 세상에는 자아광이라고 불릴 수 있는 사람에 의해서만이 변화를 가져오게 마련이다. 그 사람은 자기 자신을 믿고 일에 매진하고, 그 노력과 결과에 절대적인 자신을 가진 사람임에 틀림없다고 본다면 지금 이 세상에는 자아광이라고 부를 수 있는 사람이 아주 적다는 것을 새삼 느끼게 된다.

요즘 사람들은 혀에 침도 안 바르고 남의 일에 대해서 말은 잘하지만, 실은 자신이 없을 뿐더러 남과 말할 수 있는 개성도 능력도 없는 사람들이 많다. 소설 《오중탑(五重塔)》에 나오는, 오중탑을 세운 사나이는 벙어리처럼 잠자코 있으므로 자신을 나타냈고, 주위 사람들로부터는 정신병자처럼 불리었지만, 그가 절대적 자신감을 가지고 완성시킨 그 오중탑은 폭풍우가 몰아치는 속에서도 흔들리지 않고 우뚝 솟아 있을 수 있었다.

그가 일에 인생을 건 자신과 프라이드는 비바람이 몰아치는 자연 속에서도 훌륭하게 과시했다고 본다.

자존심이라는 점에서 말한다면 그 유명한 천재인 레오나르도 다빈치가 피렌체의 딕테터 앞으로 낸 자기소개 편지처럼 흥미 있는 것은 없다. 그는 그 편지에서 자기는 몇 십 톤이나 되는 무거운 전차가 지나가도 무너지지 않는 다리를 만들 수 있고, 강력한 폭약, 그리고 획기적인 전술이나 굉장한 약품을 만들 수 있다고 여러 가지 남다른 자기 재능을 소개하고 나서 오늘날 레오나르도가 가장 큰 업적으로 되어 있는 그의 미술적 천재성에 대해서는 단 한 줄로 '그리고 나는 멋있는 그림을 그릴 수 있습니다'라고 기술했다. 그 얼마나 강한 자부심(自負心)의 소유자였던가!

한 일본인 가장은 선박업이 불황(不況)을 맞이했을 때, 조선계(造船界)의 오직(汚職)으로 쓰러지게 된 Y기선회사에서 심혈을 기울여 혼자 분투했다. 고혈압으로 두 번이나 쓰러지고, 그 아내는 아버지의 건강을 생각하여 회사를 그만 두고 휴양할 것을 울면서 권했지만 자식들 앞에서는 입버릇처럼 "일을 하다가 죽는 게 소망이다"라고 했다. 결국 회의장에서 쓰러져 정말 일하다가 세상을 떠나난 아버지의 모습을 보여주었다.

모든 아버지는 자기가 완성하지 못한 일을 자식들에게 인계시켜, 자식들 손에 의해 더 크게 이루기를 바란다. 그러기 위해 일을 하다가 쓰러지고 말지만 마지막 순간까지 자기의 사업에 깊은 자신감과 보람을 가지고 있다는 것을 자식들에게 가르쳐 두어야 한다.

엄마도 가사 외에 흥미가 있음을 가르친다

자녀 교육 때문에 치맛바람이 불고 있지만 과연 어머니가 자녀 교육에 아버지보다 더 나서는 것이 옳은 일인지 의아스럽다. 아쿠다가와 류노스케(芥川龍之介)는 〈주유(侏儒)의 말씀〉에서 다음과 같이 말했다.

'어머니의 자녀에 대한 사랑에는 욕심이 없다. 그러나 욕심이 없는 사랑은 어느 것이나 자녀의 양육에 적합치 못하다. 이 사랑이 자녀에게 주는 영향은 적어도 자녀를 폭군으로 만드느냐 약자로 만드느냐 둘 중하나이기 때문이다. 치맛바람을 보노라면 그 자녀에 대한 집념이 결국 자녀를 못 쓰게 만들고 주위에서 버림받는 외톨박이로 만들거나 주위 사람들에 대해 열등감을 갖게 하는 약자로 만드는 경향이 크다.'

어머니도 한 인간이다. 한 사람의 어른이 된 이상 남편과 자녀와 가정의 경영 이외에 그 자신의 인생을 즐기는 것은 당연하다고 본다. 어머니는 자녀들이 늘 입버릇처럼 "엄마, 이리 좀 와 봐요"라고 부를 때마다 일일이 미소로 대하는 대신, 어머니에게도 인생이 따로 있다는 점을 자녀들에게 가르칠 필요가 있다.

예컨대 애 아버지인 남편과 연애로 결혼하게 되었고, 그 결과 자녀들이 태어나긴 했으나 자녀의 존재를 초월해서 한 인간으로

서 지녀야 할 의미를 앨범 따위를 통해서 보여 주고, 아버지와 팔
짱을 끼고 찍은 결혼 전의 사진 따위를 보여서 자기에게도 인생이
있음을 자녀들에게 일깨워 줄 필요가 있다. 그렇게 하여 자녀들의
독립성을 길러 주는 일도 필요하다.

어머니가 정말로 필요로 하는 취미나 오락도 좋다. 그것 때문에
귀가 시간이 늦어져서 남편이나 자식들이 어머니 대신 자기들의
저녁 식사를 지을 수밖에 도리가 없는 경우가 있을 수도 있는 것
이다.

한 외국인 가정에서는 한 주일에 한번은 셰익스피어 연구회에
출석하고, 그날만은 그 가정에서는 남편과 자식들이 어머니를 대
신해서 저녁밥을 지어 놓고 따뜻하게 두었다가 늦게 돌아오는 어
머니를 맞아들인다. 어머니의 인성에 있어서 셰익스피어가 어떠
한 형식으로, 어느 정도 중요하다는 것은 결국 남편이나 자식들은
알 수 없다. 자기만이 그 의미를 알 수 있다는 점을 어머니는 자식
들에게 가르쳐야 한다.

이렇게 함으로써 어머니는 남편과 자식을 떠난 한 인간으로서
의 인격을 가정생활 중에서 가질 수 있고 그것만이 자식들에게도
부모만 의지하지 않고 자립성을 가질 수 있게 깨우쳐 주게 될 것
이며, 자식들이 어머니로서 뿐만 아니라 한 사람의 인생 선배로서
의 경의(敬意)를 어머니에게 품게 될 것이다.

아버지는 집에서 공부하는 모습을 보여 주어라

현대는 가정과 직장이 너무 떨어져 있어서 자녀들은 아버지가 어떠한 장소에서 어떻게 일하고 있는지를 잘 모른다.

아버지는 자녀에게 영향을 주기 위해 가장 필요한 것은 어떠한 장소에서 어떻게 활동하고 그 성과를 올리기 위해 어떻게 노력하며 공부하고 있는가를 알려 주어야 한다. 회사에서는 어떤 일을 하고 있는지는 알 수 없으나, 잔뜩 취해서 집에 돌아와서 텔레비전이나 스포츠 신문 따위를 보면서 자녀들에게 "너는 공부나 해라"라고 말한다면 그 말이 통할 리 없고 위엄이 될 수도 없다.

카우보이의 부모처럼 소나 다른 짐승을 생포하기 위하여 밧줄 던지기 등 기술을 익히고 나이는 먹었다 치더라도 자식들과 함께 연습을 매일같이 하지 않는다면 그 직업에서 뒤떨어지고 만다. 때로는 자식과 함께 권총 쏘는 연습을 하지 않으면 생명이 위험하다는 사실을 보여 줌으로써 자식은 비로소 인생의 준엄함과 노력의 아름다운 진가와 존엄성을 알 수 있게 된다.

그러므로 아버지는 자식에 대해서 자기가 선택한 직업에 전력투구하고 있는 한 사나이의 모습을 보여 주기 위해서, 가정에서 노력하고 공부하는 아버지의 자세를 보여 주어야 한다.

> 회사에서는 어떤 일을 하고 있는지는 알 수 없으나, 잔뜩 취해서 집에 돌아와서 텔레비전이나 스포츠 신문 따위를 보면서 자녀들에게 "너는 공부나 해라"라고 말한다면 그 말이 통할 리 없고 위엄이 될 수도 없다.

어느 아버지는 틀림없는 샐러리맨인데 그래도 집안에 서재를 두고 그곳은 자녀들에게 일종의 성역처럼 여기게 하였다.

그 아들이 아버지가 외출한 틈을 타서 가끔 방으로 들어가 아버지 책상 위에 있는 사전이나 서랍 속의 담배 파이프와 새 책들의 냄새를 맡곤 했었다.

그 아버지가 서재에서 실제로 무엇을 공부하고 있는지는 몰라도 식탁에서 함께 식사하는 아버지와는 달랐었다고 한다.

어느 때는 전화를 걸기 위해 그 서재로 들어서는 아버지의 뒷모습에서 자식이 알 수 없는 전쟁터에서 싸우는 사나이의 늠름한 일면을 보여주었던 것이다.

자녀에게 자기의 애독서를 권하라

시대에 따라서 팔리고 안 팔리는 책이란 그렇게 대단한 것은 못 된다. 그러나 장정이나 활자가 낡은 것이라도 진실한 교양과 지식을 전달해 주는 책이란 몇 대(代)에 걸쳐서도 그 생명을 유지한다.

아버지는 자녀들에게 자기의 피를 나누어 줬을 뿐 아니라 자기가 그의 청춘 시절에서부터 지금까지 이르는 동안에 쌓은 교양과 지식을 자녀에게도 나누어주어야 한다. 그것이 문화의 전파(傳播)가 되고, 그 작업 속에 비로소 전통이란 것이 생겨나는 것이다.

구미(歐美) 여러 곳의 각 가정에는 옛날부터 전해 오는 바이블이 있다. 아버지나 할아버지도, 아니 그 이전의 열조(列祖)들까지도 교회에 다닐 때 그 바이블을 읽고 거기에서 인생의 양식과 신앙을 배워 왔다.

그렇다고 책이 성서에 한정된다는 말은 아니다. 할아버지나 아버지가 젊은 시절에 감명 받은 시집(詩集)이나 소설 따위를 자녀들에게 주는 것이 중요하다. 아버지나 할아버지처럼 거기에서 같은 감동은 못 느낀다 하더라도 자녀들은 그것을 읽음으로써 자기 아버지나 할아버지의 정신세계가 어떻게 형성되어 왔는지에 대해서는 이해하게 된다.

거기서 아버지에 대한 감각적인 이해 이상으로 아버지에 대한 이지적이고 인간적으로 공감이 가는 것을 발견하게 되는 것이다. 아버지가 이미 지니고 있던 감정이나 정조(情操) 관념이 현대의 자녀들에게 케케묵은 낡아빠진 것으로 생각된다 하더라도 지금은 그렇게 느낄지 모르지만 자녀들이 다시 나이가 들어서 아버지 정도의 연령에 도달했을 때나 아버지가 돌아가신 후 그 책들을 만지작거리며 다시 그 책장을 넘길 때 생전 이상으로 더 깊이 아버지의 마음을 헤아려 볼 수가 있을 것이다.

자신은 너무 이것저것 마구 읽었기 때문에 그 중에 하나를 골라 자녀에게 권하려고 하면 갈피를 줍을 수가 없겠지만 그래도 어린 시절 가장 어렸을 때, 흥분하면서 분별없이 읽었던 모험소설 《푸른 무인도(無人島)》, 《떠오르는 비행선》 등 낡은 책장에서 끄집어내어 그것을 읽을 또래의 자식에게 주고 자식이 그것을 읽으면서 흥분하는 모습을 보게 되면 기쁨을 금치 못할 것이다.

만일 부모가 자식에게 준 시집이나 소설 속에서, 잊어버린 책갈피 속에 끼운 꽃잎이나 부모가 써 놓은 메모 따위가 끼워 있었다고 하면 자녀들이 그것을 보고 부모의 어렸을 때 감상을 비웃는다고 쳐도, 그곳에는 언어를 초월한 깊고 강한 심적인 교류가 있을 것이다. 우리가 서로 맞대고 말할 때보다도 비록 부모 자식간이라 하더라도 어떠한 부모의 심리, 정조, 감상 따위의 매개체가 될 만한 것을 갖거나 보게 되면, 무엇보다도 강한 인간의 공감대를 부자간에 형성할 수 있을 것이다.

유산을 남기지 않겠다고 미리 선언하라

경제관념이 약했던 사람의 고백이다.

"나는 아버지가 돌아가실 때 남겨 놓은 것은 회사에 대한 빚뿐이고 이렇다 할 재산은 없었다. 업계에서는 아버지의 인망이 두터웠으므로 지금까지 매달 집에 가지고 오던 급여의 몇 십 배나 되는 조위금이 남아 있는 어머니와 우리 형제 손에 들어왔다. 경제관념이 없던 우리 형제와 어머니는 지금까지 보지 못했던 많은 돈을 앞에 놓고, 전혀 장래에 대한 생각이나 계획 없이 아버지의 죽음의 대가로 들어온 돈을 낭비만 하다 수년 사이에 다 써 버리고 말았다. 저금통장의 맨 끝의 난이 없어졌을 때, 우리들이 계획성 없이 써 버린 아버지의 유산을 돌이켜 생각해 보고, 우리들이 손에 넣었던 약간의 금전이 결코 아버지의 유지(遺志)가 아니었음을 뒤늦게 깨달았다. 그 후 모자 3인의 절박한 생활이 시작되었다. 나는 오히려 그 순간부터 어떤 의미에서는 아버지의 속박에서 해방되어 정말 자유 인간이 된 기분이 들었다. 억지일는지는 모르지만 불과 수년 동안에 모자 3인이 써 버릴 수 있는 정도밖에 재산을 물려주지 못한 아버지의 순직(純直)한 사나이의 결백성을 다시금 느낄 수가 있었다."

이렇게 말한 그는

"나 역시 재산을 얼마나 모을지는 모르겠지만 자식에게 유산을 물려주지 않겠다고 생각해 왔고 어떠한 부모라도 자식에게 결코 재산을 물려 줄 일은 아니라고 생각한다. 부모가 자식들에게 의무가 있다고 한다면 그것은 자녀가 건전하게 자라서 소망한대로의 교육을 충분히 받을 수 있게 하는 것으로 족하다. 그래도 자식이 결국 보잘것없는 인간밖에 못 되었다 하더라도, 거기까지 부모가 뒷바라지를 한다면 그것은 부모의 책임이 아니다. 뒷일은 전적으로 자식의 책임인 것이다."

그처럼 우리는 자녀를 한 사람의 인간으로서 경제적으로 내몰 필요가 있다. 이것이야말로 부모로서 할 수 있는 냉엄하게 보이면서도 실은 가장 인간적인 은혜이다. 부모가 물려 준 재산은 그 은혜를 말살하고 자식의 인생 가운데서 응석을 받아 주는 것밖에 안 된다.

아버지가 생전 부모로서 자식에게 심혈을 기울인 것은 최소한도 자식들이 바라는 교육을 위한 돈은 지갑을 털어서까지 주었다는 것뿐이다. 그러한 점들이 아버지에 대한 고마움인 반면에 부모의 뜻에 따라 노는 시간을 뺏긴 것은 한이 되기도 한다.

부모가 자녀들에게 재산을 물려주는 것 이외에 베풀어주는 은혜란 무엇일까? 하나도 없다고 본다.

자기 아버지가 해준 것처럼 같은 일을 자녀들에게 반복하고 남에 비하여 호강을 시키고 있는 것 같지만 장래의 자식들을 위해 무엇을 물려주어야 할 것인가는 조금도 생각하지 않은 것이다.

숭배하는 위인을 말해 줘라

부모 자식도 역시 인간관계이기 때문에 부모도 자기가 어떠한 인간이란 것을 자녀에게 완벽하게 전달시킬 수는 없다. 그러나 부모는 부모이고 자식은 자식인 이상 가장 가까운 인간으로서 부모는 자식을, 자식은 부모를 충분히 이해하는 게 바람직하다. 그 방도로써 자기가 좋아하는 책을 주는 것도 한 가지 방법인데, 또 한 가지는 자기가 숭배하는 역사적인 인물에 관해 그 생애를 이야기해 주거나 토막 이야기를 들려주는 것도 중요하다. 어린 시절에는 유년(幼年)에 맞는, 소년 시절에는 소년에게 적합한 이야기를 골라 이 세상에 실제로 있었던 한 인간에 대한 공감과, 경우에 따라서는 반감(反感)을 자녀에게 말하면 자녀들이 부모에 대한 철학과 자세를 이해하게 될 것이다.

무장(武將)으로서, 정치가로서, 그 이상 한 사나이로서 누구를 가장 좋아하는데, 자식에게도 이 사람에 관해 이야기하면서 동시에 다른 사람과 잘 비교할 수 있는 이야기도 전달하여 자녀가 그 사람들 중에 누구 하나를 선택하도록 유도한다.

어느 편이든 자녀가 성장했을 때에 자기 아버지의 인생의 발자취를 한 남자로서, 또는 여성으로서 생각해 보면서 이해하기 어려운 부분이 있을 경우에, 자기가 되풀이해서 들은 어느 인간에 대한 아버지의 공감을 실마리로 부모에 대한 새로운 이해를 가질 수가 있게 된다. 어느 거나 자녀에게 자기를 이해시키기 위한 생각에서 나온 것이 아니고, 여러 가지 의미에서 뽑아낸 한 사람에 대해 부모가 반복해 이야기하는 것은 시시한 사람 천 명이나 만 명에 관해 이야기하는 것보다도 훨씬 깊이 인간의 진실이나 인생의 진실을 가르침에 도움이 된다.

자녀의 장래 지망을 군인이니 정치가니 학자 등 일반 사회의 직업을 가지고 하지 말고, 한 인간의 예를 들어 누구와 같은 인생의 생활 방식 따위로 자기 행로를 결정하도톤 하는 편이 도움이 된다. 군인이든 무엇이든 하나의 직업을 선택하는 데 있어서 그 속에 직업을 통한 여러 생활 방식이 있는 것이지만 어떻게 인생을 살 것이냐가 첫째이고 어떤 직업을 선택하느냐는 다음이라는 것을 자녀들에게 인식시켜야 한다.

어느 시대나 나라가 요구하는 인간상(人間象)이 있다. 따라서 부모는 쉽게 그에 합당한 이야기를 들려주어야 한다. 하지만 아버지 자신의 생활 방법에 대한 공감을 강조해서는 안 된다. 현대는 바람직한 인간상이 희박한 시대이기 때문에 이런 시대일수록 인생의 진실을 전하고 자기를 충분히 이해시키기 위해서도 부모는 자식들에게 자기가 숭배하는 역사적 인물에 관해 되풀이해 이해하도록 노력해야 한다.

아버지는 자식을 껴안지 말라

미국 상류층 가정에서는 영국에서 보모(保姆)를 데려온다고 한다. 영국식의 개인주의를 철저히 받아들이기 위해서이다. 미국 상류사회에서는 사회제도화까지 되고 있는 실정이다. 상류사회 가정이 아니라도 자녀들을 동양인의 입장에서 본다면 지나칠 정도로 냉정하게 격리시켜 키우는 경향이 있다.

요즘 성행하고 있는 예로 아직 서지도 못하고 기어 다니며 기저귀조차 떼지 못한 이기를 원시적 본능을 이용해서 풀장에 집어넣어 헤엄을 가르치는 학교도가 있다. 그 장면을 처음 목격한 부모로서는 가슴이 아플 정도로 잔혹하게 보인다.

그러나 그것도 그들의 합리성(合理性)에서 오는 것으로, 물을 무서워하는 자아(自我)가 눈뜨기 전에 본능적으로 헤엄을 가르쳐 두는 것이 자식을 위한 것이라는 것이다. 헤엄을 치지 못하고 삼킨 물을 코나 입으로 토해 내고 자연의 부력(浮力)으로 떠오르는 아기를 보는 것은 무어라 말할 수 없는 충격을 준다. 그러나 구미 각국의 교육 기반이 되는 개인주의를 익히자면 우리도 가정에서 그 육아법을 고려해 볼 과제가 아닌가 한다.

우리는 어머니뿐 아니라 아버지까지도 어머니의 강요에 의하여 자녀를 안아 주는 경향이 있다. 사자는 갓 난 새끼를 천 길 깊은

> 우리는 어머니뿐 아니라 아버지까지도 어머니의 강요에 의하여 자
> 녀를 안아 주는 경향이 있다. 사자는 갓 난 새끼를 천 길 깊은 계곡
> 으로 떨어뜨린다고 하는데, 거기까지 가지는 않더라도 넘어진 자녀
> 를 안아 일으키는 어머니나 아버지보다는 먼 데서 "일어서!"라고 소
> 리를 지르고 지켜보는 부모가 훨씬 현명한 부모이다.

계곡으로 떨어뜨린다고 하는데, 거기까지 가지는 않더라도 넘어
진 자녀를 안아 일으키는 어머니나 아버지보다는 먼 데서 "일어
서!"라고 소리를 지르고 지켜보는 부모가 훨씬 현명한 부모이다.

어느 외항선 선장의 아들로 엄하게 가정교육을 받고 자란 외아
들이 있었다. 그는 언젠가 심부름을 갔다가 도중에 불량배를 만나
싸우게 되었다. 고군분투하였지만 몰매를 맞아 울고 돌아왔다. 아
버지는 "사내자식이 울기는 왜 울어!" 하고 다시 때렸다는 것이다.
그러나 팔이 너무 아파 살펴보니 뼈가 부러져 있었다.

아버지는 아들을 업고 병원으로 달려가 치료를 받게 한 후 그
불량배들한테로 보복하러 갔다.

이상적인 부자간 관계란 이러한 것이다. 이 같은 관계는 미국의
개척자의 역사나 서유럽이나 일본의 전국시대의 무사(武士)들 사
이에서는 흔히 있었다. 바람직한 부자 관계가 어떻게 되어 현재와
같이 아버지가 유모(乳母)처럼 되었는지 알 수가 없다.

아버지는 어머니와 달리 넘어진 자식을 일으켜주어서는 안 된
다는 점에서 어머니 이상의 존재의식을 자녀에게 심어 줄 수 있는
것이다.

자식 앞에서도 어머니의 잘못을 꾸짖어라

아버지가 어머니를 나무라는 것은 부부 싸움이 아니다. 그것을 부부 싸움이라고 자녀가 생각한다면 그 잘못된 인식을 아버지는 바로잡아 주어야 한다.

아버지에게 약간 잘못이 있다 하더라도 자녀들 앞에서는 그 잘못을 옳다고 강하게 밀고 나갈 수 있는 힘이 있어야 한다.

인간 대 인간으로서 아버지와 어머니는 평등하지만, 힘의 차원에서 아버지는 어머니보다도 강해야 하고, 아버지 권한은 어머니 권한보다도 커야 한다. 그러므로 부권(父權)과 모권(母權)이 균등한 가정이 이상적이라고 할 수는 없다. 명령 계통의 일원화로도 그렇고 아버지와 어머니가 자녀를 대하는 애정의 형태적 차이점도 그렇다.

옛날 무사(武士)들에게 무사도 정신을 가르친 수양서(修養書)에 '어머니는 아무 이유 없이 자식을 사랑하고, 아버지가 꾸짖으면 자식 역성을 든다. 여자의 얕은 마음으로 자식과 한편이 되기 때문에 자식은 아버지와 거리가 멀어진다'고 했다.

어머니가 자식에 대한 애정은 동물학적 입장에서 본능적 소산이라 할 수 있고 아버지가 자식에게 나타내는 애정은 드러냄이 없어도 인간으로서 사회인으로서 이성적(理性的)이다.

> "아버지와 어머니 중 누가 더 좋지?"라고 묻는 부모가 있는데 그것은
> 부모의 역할을 동질적 동격으로 생각하는 데서 오는 잘못이다. 자식
> 의 입장에서 아버지는 아버지이지 어머니를 겸할 수 없고 어머니는
> 어머니이지 아버지를 겸할 수 없다고 생각한다.

생물의 본능과 인간으로서의 이성, 그 두 개의 범주(範疇)로서의 애정이 제각기 아버지와 어머니에게 주어진 사랑의 형태인데, 이것을 동질(同質), 동격(同格)으로 생각하는 데에 모순이 있다. 가끔 농담으로 "아버지와 어머니 중 누가 더 좋지?"라고 묻는 부모가 있는데 그것은 부모의 역할을 동질적 동격으로 생각하는 데서 오는 잘못이다.

자식의 입장에서 아버지는 아버지이지 어머니를 겸할 수 없고 어머니는 어머니이지 아버지를 겸할 수 없다고 생각한다. 어느 쪽이 높다 낮다고 말할 수 있는 성질이 아니기 때문이다.

좀 이상한 가상인지는 몰라도 모자(母子)에게 폭력적인 위험이 닥쳤을 경우 목숨을 걸고 가족을 지킬 사람은 아버지이다. 그러므로 아버지는 어머니보다 가정에서 더 우위에 있어야 한다.

자식에게 매질하는 것을 두려워 말라

사랑하는 남녀가 애정을 철저하게 표현하는 방법은 육체적 교섭밖에 없는 것처럼, 연인 이상의 두터운 인연인 부모와 자식간에도 부모로부터 자식에 대한 메시지를 가장 효과적으로 전달하는 방법은 힘의 전달밖에 없다. 특히 부모는 자식의 과오를 꾸짖으므로 자식이 성장하고 한 사람의 사회인으로서 살기 위한 여러 가지 인간의 규범을 철저히 가르칠 의무가 있다. 그러므로 그것을 가장 효과적으로 주입시키기 위한 방법으로는 체벌(體罰)을 가하는 것이 바람직하다.

요즘의 부모들은 무엇에 영향을 받아서인지 모르지만 자녀들에게 매질하기를 너무 주저한다. 서양이나 미국의 교육에서 여러 가지를 흉내 내어 왔지만 본받아야 할 자녀 교육만은 본뜨지 않는 것이 좋을 것 같다. 한 사람이 이렇게 말했다.

"나는 초등학교 5학년 때 보트장을 경영하는 집 아들 형제와 우리 형제 넷이 보트를 타고 가까운 강 상류까지 거슬러 올라간 일이 있었다. 썰물 때라 도중에 강물이 얕아져서 네 사람이 보트를 타지 못하고 질질 끌고 목적지까지 가야 했다. 당시 우리는 남자로서의 모험심을 크게 만끽하고 돌아왔다. 이미 해는 지고 보트를 대는 나루에 도착했을 때는 보름달이 떠 있었다. 식구들이 몹시 아이들은 어리면 어릴수록 때려야 한다. 때림으로써 부모는 비로소 부모의 의사(意思)를 곧바로 아무런 티 없이 자녀들에게 전달할 수 있기 때문이다. 매야 말로 애정의 표시인 것이다.

걱정한 것을 지금은 이해되지만, 어린 입장에서 본다면 무엇 때문에 그렇게 야단들이었는지 납득이 가지 않았다. 집에 돌아온 우리를 아버지가 꾸짖으면서 이번 모험의 주동자인 내 뺨을 때리셨다. 나는 의외의 벌을 받았지만 동시에 커다란 손이 뺨에 닿아 불이 번쩍하는 순간 그 아픔 속에서 아버지의 진한 애정을 느낄 수 있었다."

아이들은 어리면 어릴수록 때려야 한다. 때림으로써 부모는 비로소 부모의 의사(意思)를 곧바로 아무런 티 없이 자녀들에게 전달할 수 있기 때문이다. 매야 말로 애정의 표시인 것이다.

한손으로 때리고 다른 손으로 안아줘라

포옹은 최상의 애정 표현이다. 자녀에게 주는 벌은 자녀의 성장을 돕는 수단이다. 구약 성경에 '마땅히 행할 길을 아이에게 가르치라 그리하면 늙어도 그것을 떠나지 아니하리라'라는 구절은 자녀가 '가야 할 길'로 인도하는 것이 벌이다. 그러므로 벌은 반드시 한편은 애정 표현을 수반하지 않으면 안 된다. 벌을 주기만 한다면 부모의 권위로 지배하는 것이 되므로 자식이 개성을 발휘하지 못한다. 이것은 자식의 성장을 돕는 방법이 될 수 없다.

'한손으로 벌을 주었으면 다른 손으로 안아주어라'라는 유대인의 격언은 벌과 애정을 함께 하라는 말이다. 유대인은 회초리나 다른 것으로 자식을 때리지 않고 반드시 손으로 때린다. 때려주고 껴안아주는 것은 최고의 사랑의 표현이다.

이스라엘의 키부츠에는 독특한 육아 방법이 있다. 어린이를 돌보는 일은 주로 부모가 아닌 '메타페레트'라고 불리는 훈련된 여성 육아부(育兒婦)가 맡는다. 그런 까닭에 어린이들은 부모의 집이 아닌 '어린이의 집'에서 협동하며 단체 생활을 한다. 그러나 하루 중 오후 4시부터 취침 시간까지 부모와 같이 지낼 수가 있다.

'어린이의 집'으로 어린이를 데리러 온 어머니는 놀이터에서 놀고 있는 어린이를 먼저 꼭 껴안아 준다.

싫어하는 학과를 극복하게 하라

영국의 명재상이었던 윌리엄 그래드 스토운은 어렸을 때 수학을 가장 싫어했다. 따라서 성적표를 받아보면 으레 수학 점수가 가장 나빴다.

그래드 스토운은 수학에 취미를 붙여 보려고 애를 썼지만, 막상 수학 시간만 되면 자신도 모르게 싫증이 나곤 했다.

그러던 어느 날, 고향에 계시는 아버지 앞으로 편지를 쓰게 되었다. 그는 편지 내용 가운데 다른 과목은 다 좋은데 수학 공부만큼은 진척이 없고 성적도 나쁘니 아무쪼록 수학 공부를 단념해도 좋다는 허락을 해달라고 썼다.

며칠 후 가정부 아주머니가 편지를 한 통 들고 그의 방으로 들어왔다.

"도련님, 고향 아버님으로부터 편지가 왔군요."

"그래요? 이리 줘요."

그는 아버지로부터 수학 공부를 단념해도 좋다는 소식이 있기를 바라면서 가정부 아주머니로부터 편지를 낚아챘다.

"도련님, 왜 그렇게 서두르셔요?"

가정부 아주머니는 이상하다는 표정이었다.

"아, 미안해요. 이번 편지만큼은 제게 매우 중요하거든요."

그는 편지 봉투를 뜯자마자 가벼운 흥분을 느끼며 읽어 나갔다.

그래드 스토운아, 네 편지를 읽고 아버지가 느낀 것은, 너에게 용기와 끈기가 필요하다는 것이다.

그래드 스토운아, 힘에 겨운 학과, 하기 싫은 학과일수록 더욱 열심히 해야 하지 않겠느냐? 사람이란 어려운 일을 해냈을 때가 가장 기쁜 거란다.

또, 힘든 일을 정복하려고 열과 성의를 쏟는 것은, 너의 인격 형성을 위해서도 극히 중요한 수련을 쌓는 일이 되는 거란다. 그러니 아무소리 말고 지난날보다 더욱 수학 공부를 열심히 해 주기를 이 아버지는 바란다.

그럼 몸조심하고 공부 잘 해라.

아버지로부터

그가 편지를 다 읽고 깊은 생각에 잠겨 있는데 옆에 서 있는 가정부 아주머니가 물었다.

"뭐라고 씌어 있어요?"

"수학 공부를 더 열심히 하라는군요."

"싫어도 수학 공부는 계속해야겠네요. 도련님, 아버님의 말씀대로 해보서요."

"아주머니, 정말 수학 공부도 열심히 하면 남 못지않게 잘 할 수 있을까요?"

"암요. 도련님은 머리가 좋으시니 다른 학생들보다 훨씬 뛰어난 실력을 가지게 될 거여요."

"예, 열심히 해보겠어요. 그런데 아주머니께서 제 대신 아버지에게 편지 좀 해 주실 수 없어요?"

"제가요?"

"제가 수학을 열심히 공부하는 학생이 될 것을 맹세했다고 말이어요."

"그렇게야 하죠. 그야 쉬운 일이니까요. 도련님 말씀대로 지금 곧 쓰겠어요."

가정부 아주머니는 밝게 웃었다.

"아주머니, 고맙습니다."

그는 머리를 숙여 보이고 곧바로 수학책을 펼쳐 놓고 공부를 시작했다.

싫증이 나서 연신 하품만 나올 대도 있었으나 그때마다 인자하신 아버님의 얼굴을 떠올리며 곧 마음을 가다듬었다. 노력의 대가는 곧 나타났다. 그 후에 주위 사람들로부터 수학의 천재란 말을 듣게까지 되었다. 재상(재무장관)이 되었을 때 그는 취임 연설을 하는 자리에서 다음과 같이 말했다.

"국민 여러분! 제가 어렸을 때 수학 공부를 단념하면 안 된다는 아버님의 격려의 편지를 받지 않았더라면 저는 오늘 이 영광된 자리에 앉을 수가 없었을 것입니다."

바로 이 점이 어버이들이 배워야 할 점이다.

꾸짖을 때 장소를 가리지 말라

우리 부모들은 자녀의 잘못을 보고 꾸짖을 때 장소를 가린다. 그러나 구미 여러 나라의 부모들은 자녀의 잘못을 보는 순간, 그것이 대통령의 연회석이라도 가리지 않고 나무라며 대통령도 자식을 꾸짖는 부모를 보고 말리지 않는다.

자녀 과실의 책임은 자녀가 어리면 어릴수록 부모의 책임이 크다. 부모는 자녀를 꾸짖음으로써 마땅히 자기 책임인 자녀의 과실을 자녀에게 떠넘기는 것이 아니고 자식을 꾸짖음으로써 자기 스스로를 나무라는 것이 된다.

어린아이들은 실수를 금방 잊어버리기 쉽다. 잘못을 그 자리에서 즉시 꾸짖지 않으면 나중에 꾸짖어도 그때는 이미 원인마저 잊어버린 상태인 것이다.

그리고 아이들은 상상 이상으로 교활하다. 만약 부모가 장소를 가려가며 나무라기를 주저하면 자녀들은 다음에는 부모의 눈치를 살피고 장소를 골라 꾸짖을 수 없는 경우에만 나쁜 짓을 한다.

부모가 장소에 따라 자식 꾸짖기를 주저하는 것은 어쩌면 스스로의 프라이버시를 공개하는 것 같고 또 상대에 대한 예의가 아니라고 생각되어서일지 모른다. 그러나 세상에는 부자간의 보편적인 관계에 대해 관용(寬容)하므로 부모가 그런 관계에서 책임을 다하는 것을 나무랄 사람은 아무도 없는 것이다.

요즘 우리나라 부모들은 자녀의 기본 교육인 버릇(예의범절) 가르치기에 관해 너무 태만해하다. 웬만한 것은 선생님에게 맡겨 버리는 나쁜 경향이 있지만 예의범절은 가정에서 해야 된다. 자녀들과 같이 있는 시간이 더 많은 부모가 가정에서 하는 것이 옳다. 장소에 따라 자녀를 꾸짖지 않는다면 버릇(예의범절) 가르치기가 매우 어려운 것이다.

한 교수가 어렸을 적 기억을 말했다.

"나는 초등학교 때 박람회를 견학하다가 수조(水槽) 속에 예쁜 모형 배들이 떠 있는 것을 보았다. 그 배가 너무너무 잘 만들어져 있어서 호기심에 가지고 있던 작은 깃대 끝으로 배를 밀어 보았다. 그때 같이 갔던 아버지가 깃대가 바닥에 떨어질 정도로 나를 때리고 꾸짖었다. 아버지의 대단한 꾸짖음으로 주위가 숙연해졌다. 나는 꾸지람을 가만히 듣고 있었다. 등시에 그 꾸지람은 나만이 아닌 다른 아이들에게도 경고가 된다고 생각했다. 내가 아니었더라도 누군가가 그 배를 조금은 밀어 보았을 것이다. 아버지의 매는 의미가 있는 것이라고 어린 마음에도 느끼고 있었다."

요즘 부모들은 아이들이 공동 시설물 해치는 행위를 너무 방관한다. 지하철이나 공공장소에서 난폭한 행동을 하고 남에게 해를 끼치는 자식을 사회의 책임으로만 여기고 눈살을 찌푸리는 것보다는 그 자리에서 호되게 꾸짖는 부모에게 박수를 보내야 할 것이다.

남의 집 아이라도 잘못은 꾸짖어라

자기 자녀는 당연한 일이지만 비록 남의 자식이라도 부모가 그 장소에 없거나 또는 부모가 있다손 치더라도 그 부모가 자식의 잘못을 꾸짖지 않을 경우에는 그 잘못을 나무라야 한다. 그것은 자기 자녀들을 위해서이다. 자녀들은 알지도 못하는 어른한테 꾸지람을 들음으로써 세상이 넓은 것임을 알고 엄격함도 깨달을 수 있는 것이다. 한 사람이 이렇게 말했다.

"나는 언젠가 동네에서 차를 운전하고 있었는데 갑자기 브레이크도 잡지 않고 옆 골목에서 자전거로 달려드는 어린이를 아슬아슬하게 부딪치면서 피했다. 어린이는 아무 생각도 없이 정신없이 달려 나왔지만 급브레이크를 걸어 멈추는 자동차를 보고 자기의 잘못을 알고 놀라는 것이었다. 나는 즉시 그 아이 뒤를 쫓아가 불러 세우고 차에서 내려서 그 어린이를 꾸짖었다. 아이는 모르는 척하고 도망치려고 했다. 난 옷자락을 거머쥐고 한대 때렸다. 그리고 말해도 알아들을 나이이기 때문에 자기만의 도로가 아니라는 점을 큰소리로 타일렀다. 마침 그때 그 어린이의 어머니가 생선 가게에서 물건을 사다가 놀라서 달려왔다. 나는 알지 못하는 두 모자를 나무랐다. 내가 그 아이를 피했다는 것은 우선 피해를 입은 것은 내 쪽이지만 동시에 그의 자녀에게도 대단한 일이 된다. 부모가 자전거를 타고 노는 자식에게 늘 주의를 주었어야 했는데 그렇지 못했기 때문에 이러한 사고가 나는 것으로, 만약 내가 거기서 야단을 치지 않았다면 그 어린이는 또 그러한 짓을 반복할지도 모른다. 그러한 뜻에서 나는 그 모자를 나무랐는데 그 당시의 나의 어조가 지나치게 흥분되었으므로 감동된 탓인지 눈물을 흘리면서 사과를 하는 것이었다. 나는 나중에 그 어머니로부터 감사하다는 말을 듣고 헤어졌지만, 남한테 자기 자식이 얻어맞고 욕까지 먹었는데도 눈물을 흘리며 감사해 한 그 아이의 어머니를 존경했고 나도 돌아오며 차 안에서 감사했다."

우리가 만약에 자기가 살고 있는 다음 시대의 인간에 기대를 건다면 그것을 짊어질 자녀들의 버릇에 관해서 자기 자신의 식견이나 책임을 깊이 자각해야 한다. 어린이가 사회의 보배라는 말이 있어도 남의 자식을 나무라야 할 행위를 보고도 감히 나무라지 않는 것은 한낱 공론에 불과한 것이다.

남의 자식을 치켜세우기는 쉽지만 진정으로 그 부모가 자기 자식을 사랑하고 자기 자식에게만 한정되지 않고 어린이들에게 애착이 있다면 남의 자식이라 하더라도 그 부모들 앞이건 아니건 꾸짖어야 한다. 또한 자기 자식이 남의 부모한테서 꾸지람을 들은 부모도 역시 그 점에 감사해야 한다. 남의 자식을 나무라는 거나 남의 부모로부터 자기 자식이 꾸지람을 듣는 거나 결국은 인간의 기본적인 애정과 용기의 문제이다.

부모와 자식의 식사는 평등하게 하지 말라

현대는 무엇이고 간에- 비록 부모와 자식의 사이에도 평등해야 한다는 생각이 보편화되고 있다.

그것은 가정에서의 식사에도 나타나서 요즘 가정에는 부모 자식간에 다르게 먹는 것을 죄악시한다.

어느 대사업가는 자식이 사과를 먹는 앞에서 감히 자기만은 멜론을 먹었다고 한다. 이렇게 말하면 어딘가 이상한 느낌이 있지만 이것은 당연한 아버지의 모습이다.

어린이는 소화력이나 미각도 어른과는 다르며 식사가 내일의 생활 에너지원이 되는 어른과 같지 않다. 그러므로 아이들에게 아버지가 먹는 것을 다 먹여야 할 필요는 없다. 아버지는 한 가정을 유지해 나가기 위한 노동을 해야 하기 때문에 자식들과 똑같이 먹지 않고 더 먹어야 한다.

어린이는 미각이 놀랄 만큼 발달하여 술안주로 쓰이는 성게, 김 등의 기호 식품도 본능적으로 진짜 맛있는 것과 맛없는 것을 가려낸다.

가정에서 생선 졸임이나 이웃 아는 집에서 보내 온 진미의 김, 성게까지도 술안주로 마련해 놓으면 아이들이 순식간에 몽땅 먹어 치워 어른을 실망시키는 일이 있다.

어린이는 소화력이나 미각도 어른과는 다르며 식사가 내일의 생활 에너지원이 되는 어른과 같지 않다. 그러므로 아이들에게 아버지가 먹는 것을 다 먹여야 할 필요는 없다.

먹는 것이 괘씸하여 그러는 게 아니다. 가정에서는 그 맛이 지니는 가치를 자식들이 이해하지 못하는 경우는 주면 안 된다.

아내를 저당 잡히고라도 먹는다는 햇 다랑어의 참맛을 아이들은 알지 못한다. 아버지가 햇 다랑어를 먹을 때 자녀들에게 전갱이를 주는 것은 당연한 것이다.

부모와 자식 간의 식사를 굳이 불평등하게 하자는 것이 아니다. 필요 이상으로 평등에 신경을 쓰다 보면 자식들의 버릇이 나빠진다는 것을 경계하여 하는 말이다.

부부는 둘이만 외출하라

　자가용차로 외출하는 가족을 보면 운전하는 아버지나 어머니 옆 좌석에 자녀들이 앉는 것을 흔히 볼 수 있다.

　구미 여러 나라에서는 부부가 나란히 앉고 자식들은 뒷좌석에 앉힌다.

　동양 사람은 가정 단위가 우선 부부라는 인식이 희박하다. 미국에서는 가정부가 없는 가정에서는 자녀들만 두고 빈집을 맡아보는 베이비 센터라고 하는 아르바이트 학생들에게 맡긴다.

　그리고 자기들을 남겨두고 엄마 아빠만 외출하는 부모를 전송하게 한다. 그렇게 함으로써 자녀들은 자기와 어른들의 세계가 다르다는 것을 알게 해 준다. 그것이 일상화 되면 나중에는 자연스럽게 인식되고 동시에 부모가 외출한 뒤에는 가정에서 자기들만의 세계가 된다는 것을 알게 된다.

　한 외국인 가정에서 남편의 직책이 바뀌어 바빠지자 집을 비우는 일이 잦았다. 어느 날 아버지가 집에 돌아오니 아내는 미장원에 가고 집에 없었다. 어린 딸이 아버지를 보고

　"아빠가 요즘 엄마와 데이트를 하지 않으니까 엄마는 미장원에만 가요. 그건 좋은 일이 아니에요. 가끔이라도 전처럼 엄마랑 둘이서 놀러 가세요."

자기들을 남겨두고 엄마 아빠만 오 출하는 브모를 전송하게 한다. 그렇게 함으로써 자녀들은 자기와 어른들의 세계가 다르다는 것을 알게 해 준다.

라고 주의를 주더라고 그의 아버지는 쓴웃음을 지었다.

놀라운 자식들의 눈치라고 말할 수는 있으나 요즘 자식들을 초월한 부부의 존재성을 자녀들에게 숨김없이 철저하게 가르치고 있는 가정에만 있을 수 있는 에피소드다.

부부는 자녀들이 몇이건 몇 살이건 그들이 이 세상에 태어나기 전부터 그들 두 사람이 있었다는 것을 기회 있을 때마다 자녀들에게 철저히 인식시킬 필요가 있다.

자식의 가능성을 과신하지 말라

세상의 모든 부모들은 자기 자식들에게 큰 기대를 걸고 있다. 그러나 자녀의 가능성을 지나치게 믿고 있으면 나이가 들어서 부모가 맛보는 환멸은 커지며, 그 환멸이 부모와 자식 간에 필요 없는 틈을 만들게 된다.

특히 아버지는 아들에게 어머니보다 더 큰 기대를 걸고 자기가 이루지 못한 꿈을 자식을 통하여 이루고 싶어 한다.

부모는 자식의 모습에서 새로운 청춘과 미래의 희망에 부풀어 있는 자기 자신의 모습을 바라보고 싶어 하지만 그것이 마음대로 되지 않는 것이 세상사이다.

어느 심리학자는 동양과 유럽의 부모와 자식 관계를 비교해 보고, 동양은 감점법(減點法)이고, 서구는 가점법(加點法)이라고 했다. 결국 동양의 경우는 부모가 자식에게 백%의 가능성을 믿고 있다가 그 꿈이 하나하나 깨져 감으로써 부모 자식 관계가 백%에서 감점되어 간다. 이에 비해 유럽의 경우에는 '서구의 근대주의'가 이룩한 좋은 의미로서의 이기주의로부터 우선 허식(虛飾)을 버리고 1대 1의 부모 자식 간의 관계는 결국 영(零)에서 출발해서 일이 있을 때마다 그것을 가산해 가는 형국이다.

그 결과 그것이 50점에 도달하지 못한다 치더라도 그만한 플러스가 부모와 자식 사이에 있는 셈이 된다.

유럽이나 어느 나라 부모라도 자식들에게 기대를 걸고 있는 것만은 사실이다. 하지만 그 자식은 부모의 피를 반 정도만 이어받은 사람이기 때문에 부모의 단점이나 장점을 어느 정도 이어받고 있느냐에 따라 그 운명이 결정된다.

자식 입장에서 보면 피를 나누어 준 부모에게 가능성이 없는 가능성을 믿게 하고 기대하게 하는 것은 대단히 괴로운 일이다.

자녀는 부모의 분신임에는 틀림없지만 동시에 독립된 일개의 인격체라는 점을 부모는 알아 둘 필요가 있다. 요즘 유행하는 치맛바람이 자녀 교육에 열을 올리고 있지만 자녀가 자기가 나누어 준 피의 능력을 초월한 큰 성과를 거두리라고 맹목적으로 믿고 있다면 매우 가소로운 일이다.

품위 있는 사람이 이런 고백을 했다.

"우리 부모는 나에게 수재가 되기를 기대했다. 그 당시 내가 다니던 수재를 양성하기로 유명한 중학교에서는 성적표를 만들지 않고 선생님이 일일이 학생들에게 구두로 성적을 전달했다. 나는 운동에 치중하다 보니 성적이 떨어져서 부모님의 기대에 어긋남을 느끼고 귀가 도중 노트에 적었던 성적을 고쳐 쓴 일이 있었다. 그러나 아무래도 뒷맛은 개운치 않았다."

자녀가 어느 정도 가능성이 있더라도 부모가 지나친 기대를 하는 것은 오히려 그 가능성을 무력하게 만든다.

포옹은 최상의 애정 표현이다. 자녀에게 주는 벌은 자녀의 성장을 돕는 수단이다. 구약 성경에 '마땅히 행할 길을 아이에게 가르치라 그리하면 늙어도 그것을 떠나지 아니하리라'라는 구절은 자녀가 '가야 할 길'로 인도하는 것이 벌이다. 그러므로 벌은 반드시 한편은 애정 표현을 수반하지 않으면 안 된다.

CHAPTER 2

삶의 진실을 가르쳐라

시체는 어릴 때 보여 주어라

어린이들은 어리기 때문에 죽음과 가장 먼 존재이다. 그렇기 때문에 최후에는 죽음이 기다리는 우리 인생에 대해 확실한 인식이 없다. 어린이는 인생에 속고 사는 인간인 것이다.

만약 부모가 자기 자식을 인생에 대해서 굳센 자각을 하는 인간으로 만들어 떳떳한 인간으로서, 인생을 확고한 태도로 살아갈 것을 기대한다면 시체를 어려서 보여주는 것이 있다. 한 경험자가 이렇게 말했다.

"어린 시절 어느 일요일, 나는 아버지를 따라 북해도 항구 가까운 해안에서 조난당해 좌초된 아버지가 다니는 회사의 어선을 보러 간 일이 있었다. 그 당시 동료를 구하기 위해 로프를 가지고 바다에 뛰어들었다가 결국 빠져 죽은 2등 항해사의 시체를 아버지가 보여 주었다. 당시 시체는 물에 얼어서 말쑥하고 깨끗했다. 아버지는 나직한 소리로 '그 사람이 책임감에서 한 행동이 보람 없이 되고 말았다'고 말씀하셨다. 만년에 고혈압으로 고민하면서도 일하다 죽어도 좋다면서 회사의 어려운 난국에 맞서서 집을 나서는 아버지의 모습을 바라보고 분명히 다가오는 아버지의 죽음의 그림자를 느끼면서 언제나 그것에 오버랩 되어 거친 해안에서 본 사나이의 죽은 얼굴을 생각했다. 그것이 나의 사신(死神)의 이미 만약 부모가 자기 자식을 인생에 대해서 굳센 자각을 하는 인간으로 만들어 떳떳한 인간으로서, 인생을 확고한 태도로 살아갈 것을 기대한다면 시체를 어려서 보여주는 것이다.

지이며, 그 사신에서 두려움보다는 일종의 깨끗한 청결성을 느꼈다. 그리고 아버지가 회의석상에서 쓰러졌을 때, 임종하는 것은 못 보았지만, 나중에 달려가서 검시(檢屍)를 끝낸 후 그 회의장에 쓰러진 아버지의 차가운 얼굴에서 나는 그 그림자를 다시 보았다."

그리고 이렇게 말을 맺었다.

"그때 나는 인간으로 살다 간 아버지의 시체에 손을 대는 순간 아버지와 나의 관계는 그것으로 끝나는 것이 아니라 어떤 완전히 다른 형태로 영원히 계속된다는 것을 깊이 느꼈다."

신의 존재를 끊임없이 말해 줘라

모의시험을 치려고 가는 자식에게 어머니는 "시험을 잘 보기 위해서 시험이 시작되기 전에 하나님에게 기도하라"고 타일렀다.

그때 아들은 "그런 짓을 하는 것은 헛수고입니다. 시간이 모자랄 판에 1초라도 빨리 시험지를 보는 것이 급한데 언제 그 짓을 합니까. 시험이란 평소의 실력이 나오는 것이지 신에게 빈다고 해서 달라지는 것은 아닙니다"라고 반박했다. 그 말에 어머니는 어떻게 대답해야 할지 당황했다.

부모는 자기의 신앙을 가지고 있다 하더라도 평소 자녀들에게 신에 대해 가르치지 않았으면 결국 이렇게 되고 만다.

파스칼은 인간이 신앙을 갖는 편이 갖지 않는 편보다는 유익하다고 했다. 그리고 '신앙은 도박이다'라고 한 말이나 제임스의 철학을 뒤지지 않더라도 자명한 것이나 오늘처럼 신앙을 비 과학의 상징인 양 괴상한 과학 신앙이 보편화된 사회에서는 부모는 좀처럼의 식견이 없는 자녀들에게 알기 쉽게 신에 대해 말해서는 안 된다. 부모 쪽이 그런 말을 피하는 것이 좋다.

부모가 신앙을 가지고 평소에 신의 존재를 인식시키고 신앙심을 마음에 담아 주었더라면 그러한 말이 도움이 될 수 있다.

부모는 적당한 기회를 포착하여 눈에 보이지 않는 신의 존재를 말로서가 아니고 일종의 감정이나 정념(情念)으로서 자녀에게 전달하는 것이 자녀들의 장래를 위해 얼마나 큰 재산이 될지 모르겠다.

눈에 보이지 않는 큰 힘의 지배를 자녀에게 가르침으로써 자녀들은 자기들의 장래에 대하여 지금 이상의 큰 동경과 두려움과 조심을 하게 된다.

그것이 인생의 주름이 되고 깊이가 되어서 자녀들이 장래 그러한 감정과 정념을 바탕으로 신앙을 갖는다면 무엇보다도 풍부한 마음의 재산을 갖는 것이 된다.

플라그마티즘의 시조인 제임스까지도 깊은 신앙자인 동시에 신앙의 연구자였다는 사실을 알기 쉽게 가르침으로써, 자녀들을 요즘의 편파적 교육이 가르친 비뚤어진 과학에의 신앙을 바로잡을 수 있다.

또한 과학의 순수성을 집결해서 완성시킨 인간의 최초의 달나라 여행에서 돌아온 귀환자가, 저 항공모함 상의 격리실 속에서 마중 나온 대통령과 함께 모함(母艦)의 신부의 인도로 신에게 기도하는 그 광경의 엄숙성을 자녀들에게 설득시킴으로써 신앙을 가질 수 있게 될 것이다.

눈에 보이지 않는 힘의 지배에 대하여 여러 모로 자녀들에게 설명함으로써 자식들은 정말로 창조력을 발휘할 수 있을 것이다.

장애인을 놀리면 때려 줘라

독창적인 자녀 교육 연구 저술가인 엔도 슈사크(遠藤周作)의 어린이에 대한 세 가지 교훈은 불구자, 불행한 사람, 약한 사람을 업신여기는 어린이가 되지 말라는 것이다.

선천적이건 후천적이건 어느 편이나 불구자는 정상적인 사람에 비해 그만큼 불구에 대한 부담감이나 불행한 숙명을 지니고 있는 것이다. 그것이 자기 과실로 인한 불구라 하더라도 그러한 숙명을 지닌 사람을 건전한 자기의 오체(五體)와 비교해서 멸시하거나 우월감을 갖는 행위는 비열한 행위라는 것을 자녀에게 가르쳐야 한다.

어린이가 불구자를 손가락질하고 멸시하거나 비웃거나 하면 때려 주어야 한다. 그것은 인간의 육체가 얼마나 약한가를 깨우쳐 주는 것도 되고 육체적으로 겉만 보고 인간의 가치를 평가하는 태도를 바로 잡아 주는 것이기도 하다.

불구자를 손가락질하며 비웃는 아이는 헬렌 켈러의 위대한 인간상에 대한 가치를 모를 뿐더러 공감도 못하는 아이일 것이다. 그런 아이는 입장이 바뀌어 자기가 그 처지가 된다면 어떤 생각을 하게 될 것인가를 가르쳐 주어야 한다.

어린이가 불구자를 손가락질하고 멸시하거나 비웃거나 하면 때려 주
어야 한다. 그것은 인간의 육체가 얼마나 약한가를 깨우쳐 주는 것도
되고 육체적으로 겉만 보고 인간의 가치를 평가하는 태도를 바로 잡
아 주는 것이기도 하다.

그런 버릇을 어려서 고쳐주지 않으면 약하고 불쌍한 사람을 이
해하지 못하는 잔인한 인간이 될 위험성이 크다.

인간은 내일의 행복만 꿈꾸고 살 뿐 내일 어떤 재해가 밀어닥칠
지는 생각지 못한다. 내일 일을 알 수 없는 숙명에 대한 경건한 마
음가짐으로 불구자나 불우한 사람을 비웃거나 무시하지 못하게
올바른 자세로 사는 법을 나이에 상관없이 엄하게 가르쳐야 한다.

그렇게 함으로써 자기에게 주어진 건전한 신체에 대한 감사와
불구자에 비해 월등한 조건을 가진 자기 가치를 자각하는 실마리
가 될 것이다.

경제 문제를 숨기지 말라

어린이는 사물에 대한 정신적 가치 따위는 이해하지 못한다. 다만 사물의 가치를 가시적인 물질로 계산할 줄 알 뿐이다. 그렇기 때문에 어린이들의 가치척도는 돈이나 선물 등 저 가지고 싶은 것에서 만족해한다. 그리고 성장함에 따라서 물질로는 계산할 수 없는 보이지 않는 가치가 있다는 것을 깨닫게 된다.

그것이 인생의 폭이고 깊이이다. 그러므로 가급적면 어릴 때부터 그러한 인생의 폭과 깊이를 이해할 수 있도록, 금전은 금전대로 물질은 물질대로 볼 줄 아는 습관을 길러 주는 것이 자녀들의 수고를 덜어주는 것이 된다. 사물을 올바르게 판단할 줄 아는 습관을 길러 주는 것은 정신적 발달에 큰 도움이 된다.

그러므로 가정의 경제적인 문제를 자녀들에게 숨기지 않는 것이 좋다. 숨기는 것은 어리석은 일이며 결국 부모의 이러한 수고는 아무 도움이 되지 않는다. 한 예가 있다.

어떤 학생이 아버지를 갑자기 잃었다. 그와 동생, 어머니까지도 경제관념이 없어서 아버지가 남긴 약간의 돈과 조위금을 눈 깜짝할 사이에 모두 써 버리고 말았다.

경제관념도 없이 가장이 된 장남은 고교생의 어린 나이로 가정 경제에 고민해야 했다. 아버지가 생전에 어머니에게 매달 월급을

꼬박꼬박 의무적으로 넘겨 준 탓이기도 했다.

아버지는 가족에게 과중한 부담을 주지 않기 위해 월급을 아무 말 없이 내놓았던 것이다. 하지만 그 아버지가 돌아가신 후 집에 남겨 놓은 재산을 계획성 없이 써 버리고 난 가족은 고생길로 들어섰다. 그렇게 된 것은 전에 가정의 경제 문제를 아내나 자식들 앞에서 털어놓고 이야기하지 않은 데 문제가 있는 것이다.

구미 가정에서는 경제적인 문제를 자녀들 앞에서 숨김없이 이야기하고 살아가는 방법을 알게 한다. 그 결과 가난한 집 자녀가 부잣집 자식들에게 열등감을 갖거나 부잣집 아이들이 가난한 집 자녀들을 깔보는 일이 우리보다 적다.

교환 학생으로 미국의 부유한 변호사 가정에서 기숙한 동양의 한 학생이 이렇게 말했다. 그 집 부인은 그 학생에 대해서까지 수도꼭지를 잠그지 않거나 전깃불을 쓸데없이 켜면 꾸짖었고 주의를 시켰다고 한다. 그 덕에 그 아이는 철저한 경제관념을 배워 왔다고 했다.

검약 습관이 말로만 되는 것이 아니다. 가정 경제가 어떠한 상태이기 때문에 그런 작은 것들도 아껴야 한다는 것을 말해 줌으로써 자녀들이 현실성을 깨닫고 배우게 된다.

어린 시절부터 가정 경제에 관해 가르쳐 주면 수입이 어떠한 노력의 대가라는 점을 인식하게 된다. 그러한 인식이 바탕이 되어야 자녀가 자라서 적극적인 인간이 되는 것이다.

부부 애정을 자녀에게 숨기지 말라

일시적이나마 부부간의 미움의 표현은 곧바로 자녀들에게 전달되기 쉽다. 거꾸로 부부간의 애정의 교류는 당연한 것으로 받아들이는 탓인지 곧바로 자녀들에게는 전달되기 어렵다. 다른 가정의 부모와 비교해서 자기들의 부모가 보다 더 사랑하고 신뢰하고 있다는 점이 어떠한 형식으로든지 자녀들에게 전달된다면, 그들은 자기들이 장차 가질 가정에 관해서 다른 집안의 자녀들과 달리 더욱 크고 폭넓은 깊이가 있는 이미지를 가질 것이 틀림없다. 그렇기 때문에 요즘 부부간의 애증(愛憎) 문제는 자녀들에게 숨길 필요 없이 가정에서 털어 놓고, 경우에 따라서는 자녀를 개입시켜서 이야기를 나누는 편이 자녀들의 장래에 이상적인 가정을 갖게 하는 길잡이가 될 것이다. 파니 허스트 원작 《뒷거리》라는 소설 작품은 헐리웃에서 몇 번이나 영화화되었다. 운명의 우연한 장난으로 결혼을 못하고, 몇 해 후에 해후(邂逅)하게 된다는 남녀의 이야기이다. 이미 가정을 가진 남자에게 상대의 여성은 그림자처럼 곁에서 인생을 보냈고, 최후에는 남자가 외교관이 되어 임지에서 뇌일혈로 쓰러졌을 때 병상으로 전화가 걸려온다. 사내아이들은 어머니가 아직 모르고 있는 그 그늘의 여성을 눈치 채고 빈사상태에 있는 아버지에게 걸려온 여자의 전화를 거절한다. 그렇게 하여 아버지 앞에서 어머니에 대한 자식으로서의 애정을 표현하려 하지만, 그 자식들에게 빈사의 아버지는 자기가 인생에서 단 한 사람을 진실로 사랑한 여성의 이야기를 처음 밝히면서 최후의 이야기를 나눌 수 있도록 수화기를 쥐어 달라고 눈물로 애원한다. 거기에서 주고받는 이야기를 옆에서 들음으로써 자식들은 비로소 한 인간으로서의 아버지의 진실한 사랑의 거룩함에 재삼 놀란다는 이야기이다.

부질없는 싸움이건, 또는 자녀들이 생겨서 더 두터워진 부부의 애정이건 간에 그러한 것을 자녀들에게 직접 보여줌으로써 달콤한 부자 관계만이 아니고, 부모는 자녀들에게 인생의 깊이나 인간의 복잡성 등 참다운 인간에 대하서 가트칠 수가 있다.

최근 가정에서는 이혼이 증가하고 있지만 자식들이 있다는 이유로 겨우 부부의 관계를 유지하고 있는 사람들도 많다. 어느 편이든 ‘자식은 부모를 연결시키는 다리’와 같이, 자식들 때문에 성립할 수 없는 부부 관계를 연결하고 있는 부부의 상(像)보다는, 한때의 자녀들에게 슬픔이나 불안을 안겨다 주더라도 정당한 이혼을 하는 부부의 입장이 훨씬 인간적이란 생각이 든다.

물론 자식들은 어릴 때, 혹은 성장해서도 이혼을 한 자기들의 부모를 원망할지 모른다. 그러나 처음에는 애정을 바탕으로 결합된 부부라도 어떠한 이유에서든지 그 관계가 파탄으로 치닫게 될지 모른다는 것을 자식들에게 설명해서 완전히 이해할 수 있게 된다면 그것은 자식들에게 헤아릴 수 없는 인생의 깊이를 가르치는 일이 될 것이다.

나체 그림을 감추지 말라

가정에서 아내나 어머니는 반대하지만 자식들 앞에서 누드 사진이 실린 잡지를 숨겨두기지 않는 것이 좋다.

어떤 저명한 여류 연출가는 자기 외아들한테 애인이 생겼다는 이야기를 듣고 근심이 되어 어느 날 갑자기 결심하고 자식이 목욕하고 있는 탕 안으로 벌거벗고 들어가 아들 앞에서 자기 나체를 보여 주며, "봐라, 이것이 여자다"라고 말했다고 한다. 자식은 틀림없이 여체에 대한 환멸을 느꼈겠지만 그러한 이성(理性)을 잃은 행동을 한 어머니에게도 문제는 있지만 결국 자녀들은 어느 시점에서는 알몸뚱이의 여체를 알 수 있을 것이고 육체 교섭이 어떻다는 것도 알아야 한다.

자녀들에게 육체의 비밀을 부자연스럽게 감추면 나쁜 상상력을 기르게 하고 나쁜 충동을 마음속에 길러주게 된다는 것을 알아야 한다. 어느 교수가 이렇게 말하는 것을 들었다.

"내가 어렸을 때 아버지 서재에 당시의 신기한 세계의 나체화 미술 전집이 있었다. 의식적인지 부주의에서인지는 몰라도 집안 어른들은 그 미술책을 감추어 두지 않았다. 나는 늘 몰래 미술 전집을 책꽂이에서 꺼내어 그 나체화를 들여다봤다. 요즘 아이들은 힘들이지 않고 무엇이든 볼 수 있지만 어릴 때 훔쳐 본 나체화는

자녀들에게 육체의 비밀을 부자연스럽게 감추면 나쁜 상상력을 기르
게 하고 나쁜 충동을 마음속에 길러 주게 된다.

나의 정신 건강을 해친 것이 아니라 여러 가지 상상과 정서를 길
러 주었다."

이렇게 말한 그는 이런 결론을 내렸다.

"뒤에 스페인을 여행하면서 플라드 미술관을 방문했을 때, 내가
이미 유년 시절에 아버지 서재에서 몰래 본 이름 있는 나체화가
여기저기 있는 것을 보았다. 그때 나는 인간의 심리적 콤플렉스
(잠재의식)라 할 메커시즘의 비밀을 들여다 본 기분이 들었다.
이 세상 부모들은 왜 누드 사진을 어린이 앞에서 감추려고 할까?
억측이 될지 몰라도 자기들의 육체가 미적으로 그들 나체보다 못
하다는 열등감에서 오는 것이 아닐까?"

어쨌든 아름다운 것을 감춘다는 것은 부자연스러운 일이다.

아이는 낳는다는 것을 가르쳐라

새로운 동생을 볼 무렵에 그 아기가 어떻게 이 세상에 태어나는가를 부모는 곧바로 자녀들에게 가르칠 필요가 있다. 동생은(남동생이나 여동생) 저절로 생기는 것이 아니고 부모들이 그것을 바라기 때문에, 아빠와 엄마가 동생을 만들었기 때문에 태어나게 되었다는 것을 가르쳐야 한다.

그것을 가르침으로써 이미 태어난 자녀에게도 그 존재에 부모의 강한 의지가 활동하고 있었다는 점을 전달할 수 있다.

최근에는 성교육(性敎育)이 보편화되어 아기가 하늘에서 내려왔다느니 황새가 날라다 주었느니 하고 실없는 소리는 자녀들에게도 웃음거리가 되겠지만 성교육에서 가르치는 그러한 구체적인 설명 이전에 새로운 탄생이란 것은 사람의 의지가 활동하고 그 의지가 하나의 행위를 재촉해서 태어나게 된다고 가르쳐야 한다.

아버지와 어머니가 아기를 만들기 이전에 부모로서 얼마만큼 유형무형의 준비를 하고, 그를 위한 책임 능력을 배양하여 큰 기대가 있어서 비로소 한 사람씩 생명이 탄생한다는 것을 가르치는 것이다.

그것을 알림으로써 자녀들은 인간의 생식이나 번식이 다른 자연의 그것과는 달리 의지의 활동에 의하여 이루어진다는 것을 알

아버지와 어머니가 아기를 만들기 이전에 부모로서 얼마만큼 유형무형의 준비를 하고, 그를 위한 책임 능력을 배양하여 큰 기대가 있어서 비로소 한 사람씩 생명이 탄생한다는 것을 가르치는 것이다.

수 있을 것이다. 그리고 그 의미 속에 섹스야말로 인간의 무한의 계보(系譜)를 지탱하고 있다는 것을 알게 될 것이다.

가령 이웃집에 태어난 갓난아기가 아무 까닭 없이 태어난 것이 아니고 늘 보는 이웃 아저씨와 아주머니가 만들어서 태어났다고 하는 그러한 인식, 그것이 없이는 어떠한 자세한 설명이나 모형이나 종이를 가지고 아기 탄생을 설명해 봤자 어린애들에게는 새로운 장난감처럼 호기심만 불러일으키는 단순한 서비스에 지나지 않을 것이다.

읽어서 좋은 책과 나쁜 책을 따지지 말라

활자는 그 속에 기록한 것 이외에 상상력을 인간에게 부여해 주는 힘을 가지고 있다. 그러기에 어린 자녀들이 어떤 책을 읽던 부모는 간섭할 필요가 없다.

나는 소년 시절에 소위 모험 소설을 열심히 읽고 있었는데, 아버지께 꾸지람을 듣고 대신 《푸르타크 영웅전》 등 여러 가지 전기(傳記)를 읽었다. 그러나 지금 회상해 보면 어린이 마음에 전기는 전기로서 읽지 않고, 그러한 위인의 전기나 다른 모험 소설도 동일시되어 같은 종류의 정서(情緒)를 키워 준 것으로 안다.

어떤 저명한 심리학자는 음담(淫談), 도색(挑色)을 담은 책이라 할지라도 책이라면 모두 어린이에게 읽혀도 좋다고 했지만 활자가 어린이에게 주는 것은 단순한 상상만이 아니고 어린이 장래에 무엇을 갖다 줄지는 예측할 수 없다.

저 도로이의 유적을 발굴한 고고학자 슐리먼은 어린 시절에 애독한 호머의 시집 중에 나오는 도로이의 서울을 잊을 수 없어 상상력을 발휘하는 것으로 이 수도(首都)는 결코 전설이 아니고 실존한 것으로 믿고 결국은 저 유명한 도로이의 발굴을 행하였다. 그의 저서 《고대 사회에 대한 정열》에서 짐작할 수 있는 것처럼, 세계적 고고학자인 도로이의 발굴자 슐리먼을 만들어 낸 것은 한

권의 책 호머라 하겠다.

분명히 그 인간의 생애를 통한 사업의 계기가 어디 있는지 아는 것은 신(神)뿐이다. 그러므로 인간의 상상을 초월한 계시의 실마리를 내포하고 있는 책을 부모가 그 얼마 안 되는 경험을 가지고 좋은 책 나쁜 책으로 구분한다는 것은 인간으로서 분수에 지나친 월권이라고 할 수 있다.

상상력이란 것은 현실에 없는 것을 생각하는 힘으로써 그 작업이 도대체 현실로는 얼마나 사소한 것을 촉매로 하여 행해지는가를 누구도 상상할 수 없다. 따라서 인간의 상상력을 배양하는 양식으로서의 독서를 무엇을 가지고 좋고 나쁘다 하는 따위는 근거 없는 짓이다. 그 선택에 부모가 낡은 도덕(道德)을 들고 나오는 것처럼 어린이의 장래를 해치는 것은 없다.

또한 어린이 나이에 따라 읽기에 늦은 책은 있어도 이른 책은 결코 없다. 나도 중학교 2학년 때 칸트의 《순수이성 비판》을 읽은 기억이 있다. 물론 그 당시에는 이해하기 힘들었지만 훗날 다른 철학자가 칸트를 인용한 부분을 읽었을 때는 어떤 친밀감과 동시에 적어도 처음으로 그 인용한 부분을 읽는 것보다는 쉽게 그 부분을 이해할 수 있었다.

독서에 관해서만은 어떠한 조숙한 어린이라도 조숙했다고 생각지 않는다. 또한 듣고도 이해할 수 없는 수준 높은 책을 이야기하는 어린이를 건방지다고 보아서는 안 된다.

부모는 희로애락을 자녀에게 숨기지 말라

자녀(어린이)란 고민하는 부모나 괴로워하는 부모를 바라봄으로써 언제나 웃는 낯으로 대하는 부모 이상으로 하나의 인간으로서의 부모를 인식하고, 동시에 부모에 대한 감사나 여러 가지 공감을 살 수 있는 것이다.

아이들은 어릴 적의 회상에서 아버지와 싸우고 혼자서 울고 있던 어머니의 인상이나 사업장에서 생긴 불의의 사고로 고민하고 있던 아버지의 인상을 다른 어떠한 것보다도 선명하게 머리에 떠올린다. 그 같은 부모님의 희로애락의 적나라한 모습을 바라봄으로써 오히려 자식들은 그 부모에게 깊은 인연을 가진 존재임을 자각하게 되는 것이다.

한 나이 지긋한 공무원이 말했다.

"아버지가 돌아가시기 1년 전의 일인데, 나는 아버지가 심각한 얼굴을 하고 있는 것을 보고 이유를 캐물은 적이 있었다. 그때 아버지는 중요한 입찰을 앞두고 그것을 성공시키지 못하면 곤란하다고 하는 이야기를 듣고 나는 생전 처음 입찰이 어떤 것인가를 알았다. 그 당시 아버지의 표정이 잊혀지지 않아 어느 주일에 아버지가 저녁 일찍이 목욕탕으로 나를 데리고 갔을 때, 문득 생각나서 아버지가 수일 전에 고민하고 있던 입찰 결과를 물어 봤다.

부모님의 희로애락의 적나라한 모습을 바라봄으로써 오히려 자식들은 그 부모에게 깊은 인연을 가진 존재임을 자각하게 된다.

그때 아버지는 빙그레 웃으면서 그 입찰이 잘 안된 것을 털어놓았다. 왜 아버지가 일요일이 아닌데도 집에 있었고 나를 목욕탕엘 데리고 갔는지를 이해할 수 있었다. 그 후 아버지는 사업 때문에 급서(急逝)했지만 나는 중요한 입찰을 앞두고 늘 불안과 긴장에 감싸여 있던 아버지의 표정을 잊을 수가 없다. 나는 그 표정을 통해서 공인(公人)으로서의 아버지의 입장을 이해할 수 있었다."

요즘 부모들은 기쁨 이외의 감정을 자식(어린이)에게 숨기는 것을 미덕으로 여기는 일이 있지만 이는 어리석은 일이다. 참을 수 없어서 흘린 어머니의 눈물이나, 억누르지 못하고 나타난 아버지의 불안을 바라보는 것으로 자식은 보다 깊은 부모와 자식간의 관계를 알고 하나의 인간인 부모에게 공감을 가질 수 있는 것이다.

죄는 용서할 수 없으나 인간애는 가르쳐라

어린이의 호기심은 신문이나 텔레비전에서 보도된 범죄를 꼬치꼬치 파고들려고 한다. 그러나 부모는 왕왕 그것을 저지른 어른과 같은 입장에 놓인 스스로를 간접적으로 옹호하려는 무의식적으로 오는 작용인지 모르나 어린이의 호기심을 봉쇄해 버린다.

그러나 그것은 안 될 말이다. 그 범죄가 일반 살인범이나 절도범이 아니고 애브노멀(병적)한 것일지라도 범죄라고 하는 인간의 이상한 행위를 어린 자녀들에게 설명해 주고, 인간이란 어떠한 경우나 마음에 어떠한 미친 생각이 들면 이 같은 무서운, 어떤 의미로는 불가사의한 행위를 저지를 수 있다는 점을 자녀들에게 가르치는 편이 좋다. 범죄를 경멸하는 일은 간단하다. 그러나 그런 입장에 선다면 자기도 어떻게 했을지 모른다는 사실을 부모는 용기를 가지고 어린이에게 말해 주는 것이 좋다.

누구나 범죄 없는 사회를 바라지만 그것을 자녀(어린이)들에게 범죄에 대해서 가르쳐 주지 않는다면 그러한 사회가 올 수 없다. 누구의 사세구(辭世句)는 아니지만, 인간의 타고난 천성은 업연(業緣)이 얕지 않은 것이므로 엄연히 깊은 인간의 존재는 어느 시대에서나 범죄를 반복하고, 인간의 어떤 종류의 행위를 범죄로 다스리는 법률의 규제 자체에도 부자연스러운 부분적 모순을 가지고 있다.

그러한 일은 어린이가 어느 정도 성장하지 않으면 설명하기 곤란하지만, 범죄에 대해서는 솔직하게 자녀들에게 말하는 편이 그들을 위하는 일이 된다. 가령 내 자식과 동갑내기의 다른 집 어린이가 유괴되거나 집안에 불행한 사건이 생기게 된 따위의 일을 부모는 상세히 가르쳐 줌으로써 그 같은 놀라운 것을 깨닫고 아이들 나름대로의 지혜와 마음가짐으로 그것을 피할 준비를 갖추는 동시에, 자기와 같은 입장의 어린이가 분별없이 휩쓸려야 하는 생활이라고 하는 현실의 참혹성이나 인생의 덧없음을 깨닫게 할 수 있다.

우리는 될 수 있으면 자식들을 위하여 부모의 세대에서 범죄 없는 유토피아를 건설하는 것이 이상적이겠지만 그것이 우선 불가능한 현실이고 보면 그것을 타개할 수 있는 의지와 그것이 비열하다는 점을 어린이들에게 가르쳐서 어린이의 눈으로 보는 강한 의혹이나 불신, 그리고 인간인 자기 자신에의 자각을 갖도록 하여야 한다. 가끔 집안에서 일어나는 일은 아니더라도 이웃에 사는 사람들로부터 범죄자가 생겼을 경우에, 다른 부모는 무엇 때문인지 그것을 숨긴다. 숨기는 것이 그 이웃 사람들에 대한 동정처럼 생각하지만 그것은 잘못이다. 세상이 그 인간을 범죄자로 만든 이상에는 그 규탄자 속에는 이웃 부모 자신도 포함되어 있는 것이고, 마침내는 자기 자식도 그 같은 패거리에 들어가게 될지 모른다는 사실을 자식들에게 조금이라도 빨리 깨닫게 하여야 한다.

　　가끔 집안에서 일어나는 일은 아니더라도 이웃에 사는 사람들로부터 범죄자가 생겼을 경우에, 다른 부모는 무엇 때문인지 그것을 숨긴다. 숨기는 것이 그 이웃 사람들에 대한 동정처럼 생각하지만 그것은 잘못이다.

CHAPTER 3

연약한 사내로 키우지 말라

이를 드러내고 웃지 못하게 가르쳐라

인간은 공포 속에서도 잘 웃는다. 나는 어느 요트 경기에서 위험한 바우워크 크루(한 팀의 승무원)를 배치할 때, 내 명령에 질려서 애매한 웃음을 띠고 있던 승무원을 나무란 일이 있었다. 자기가 직면하고 있는 사태를 애매한 웃음으로 대처하려는 사람은 결국 자기 자신을 그 위험 속에 몰아넣게 된다.

웃는 사람은 결코 강하게는 보이지 않는다. 이제부터 인생의 싸움을 맞이할 어린이에게 부모는 자기 자신의 표현을 애매하게 하거나 뜻 없는 웃음을 웃지 않도록 가르쳐야 한다.

어떤 어린이든 그 어린이 나름대로의 용기를 필요로 하는 곳에 이르러서는 어린이라 하더라도 웃지 않는 법이다. 이를 보이지 말고 입술을 악물고 웃음을 참음으로써 인간은 남에 대한 의식을 차단하고 눈앞의 목적에 대하여 자기를 집중시킬 수가 있는 것이다.

그렇지만 최후에 웃는 자의 웃음은 보기만 해도 강렬하고 인상적이다. 특히 남자가 웃을 때는 이 결과에 대하여 회심(會心)의 미소, 또는 하려고 하는 일에 대한 자신(自信)의 표현이어야 한다. 그 이외의 경우에 남자는 웃어서는 안 된다.

전에 일본에 왔던 세계 3위에 랭크됐던 알멘테로스라는 쿠바의 복서는 일본의 복서가 위축되어 그를 향해 접근을 피하자 여러 가

웃는 사람은 결코 강하게는 보이지 않는다. 이제부터 인생의 싸움을 맞이할 어린이에게 부모는 자기 자신의 표현을 애매하게 하거나 뜻 없는 웃음을 웃지 않도록 가르쳐야 한다.

지 기교를 부려서 상대방을 유인했지만 상대편이 달라붙지 못하는 것을 보고 최후에 새까만 얼굴에 흰 이를 드러내고 씽긋 웃었다. 상대방 복서는 그 웃는 얼굴에 말려든 것처럼 무모한 공격을 퍼붓다가 순식간에 녹다운 당했다. 웃는 얼굴 중에서 알멘테로스의 그 웃음은 가장 사나이답고 악마적 웃음이었다.

경솔히 말하지 않도록 가르쳐라

요트의 외양(外洋) 레이스는 스포츠라고는 하지만, 돌변하기 쉬운 해상 기류 때문에 왕왕 생사를 걸어야 한다. 그런 경우에 몇 사람의 승무원을 지휘하는 정장(艇長)으로서 판단하기가 어려울 경우 나는 크루들의 의견을 묻는데, 그때 곧 의견을 말하는 부원의 의견이 나를 움직인 일은 별로 없다. 베테랑 급의 크루일수록 나의 안색을 살피고 거친 바다나 바람을 바라보면서 내가 직접 물을 때까지 좀처럼 말을 하지 않는 법이다.

요트 레이스는 일종의 극한 상황이기 때문에 인생의 축도(縮圖)인 동시에, 배 위에서의 일은 뭍에서의 사회와도 비교가 된다. 어떤 조직이나 기업 중에서도 경솔하게 자기의 의견을 말하는 인간은 대개가 그 상황을 정확히 파악하지 못했거나 자기의 식견이 부족한 경우가 많다.

대화의 명수였던 사람의 말에 따르면, 자기가 참된 식견을 가졌고, 확고한 의견을 가지고 있는 사람일수록 상대방의 의견을 경청한다고 했다. 분명히 그렇다. 내실이 있는 인간일수록 가볍게 자기 의견을 말하지 않는다. 일본 해전에서 퍼펙트게임을 연출한 토고(東郷) 원수는 극히 과언 묵행(寡言默行)의 인사였는데, 영국 조지 5세의 대관식에 일본 대표로 참석했을 적에 노일 전쟁(露日戰

爭)의 영웅적 업적에 관해서 질문을 받고 다만 예스, 노만의 대답만 하여 영국 사람들을 놀라게 했고, 그 경탄이 나중에 그 원수(元帥)에 대한 경의(敬意)로 바뀌었다고 한다.

요트의 우수한 스크루들이 대학을 졸업하고 취직되었을 때, 그의 부모로부터 "뭔가 사회인으로서의 충고를 해 달라"는 청을 받은 사람은 이렇게 말했다.

"아무리 급해도 어떤 회의석상에서든 발언할 경우 꼭 두 번째로 하라."

실력은 있는데 너무 과묵해서 상대가 의견을 묻지 않으면 입을 다물고 지나치게 말이 없는 것도 경쟁 시대에는 마이너스이다. 정말 식견을 가지고 실력이 있는 인간이라면 발언을 요구받은 자리에서는 앞 사람의 말을 들어 보고 두 번째나 세 번째로 말을 하는 것이 바람직하다.

두 번째로 발언하라는 충고를 받고 사회인이 된 그는 업계에서 탁월한 업적을 올렸다 것을 3년 뒤에 그 사람의 아버지로부터 감사의 인사를 받고 알았다고 한다.

남자의 말은 능력과 책임을 가지고 행하는 것이라는 실증이 뒷받침되지 않으면 안 된다. 자기와 관계가 없거나 자기 능력의 한계를 벗어난 말은 몇 천 마디를 지껄여 봤자 한낱 실없는 소리밖에 안 된다.

남자가 그 인격의 됨됨이를 평가받는 데는 그가 무엇을 얼마만큼 할 수 있느냐에 따라 정해진다는 것을 자녀들에게 철저히 가르쳐야 한다.

폭력의 존엄성을 가르쳐라

근래는 평화 풍조 때문에 전쟁을 비롯한 인간이 할 수 있는 온갖 폭력이 마치 사악하기만 한 것처럼 몰아붙이는 경향이 있다.

인간의 진보나 비약은 전쟁 중에 이루어진다. 그것을 폭력이란 이유만으로 부정한다면 그 전쟁 중에 발생하는 새로운 구조 변혁이나 인간성의 수립(樹立)이라고 하는 것까지 부정되고 만다.

대화중에나 거리를 지나가다 갑자기 자기 얼굴에 어떤 사람이 침을 뱉을 때 상대방에게 폭력을 휘두르는 대신 말로써 나무라고, 상대가 손수건으로 얼굴을 닦아준다 하더라도 마음의 충격은 쉽게 풀릴 리 없다.

평화니 대화니 하는 허울 좋은 명분 아래 인간 개인의 존엄성을 마구 손상시키는 경우에는 개인의 존엄성이나 자유는 어디까지나 개인의 육체적 능력의 발로로 폭력을 가지고 막지 않고는 안 되는 경우가 있다.

사회적으로 유명한 사람은 이름이 있기 때문에 그것을 참아야 하는 입장일 뿐이다. 그러나 인간으로서 그러한 피해를 계속 당하기만 할 수는 없는 것이다. 누가 뭐라 하더라도 그런 경우 상대방에게 폭력적으로 보복할 수밖에 없다.

길 가던 어른한테 반말을 하는 대학생을 나무라고 그 어른이 때

렸더니 상대방 여럿이 달려들어 "폭력을 쓰지 마시오"라고 하는데는 오히려 어른이 놀랐다고 한탄했다.

한 사람이 이런 추억담을 말했다.

"어린 시절에 나는 반장의 직권으로 약간 지나친 어조로 동급생들을 나무란 일이 있었다. 그 보복으로 집으로 오는 길목에 칠팔 명이 지켜 섰다가 갑자기 덮치는 바람에 하는 수 없이 몰매를 맞았다. 그것을 본 동생은 손을 쓰지도 못하고 옆에서 보고 울고 있었다. 코피를 흘리며 울고 돌아온 나의 꼴을 보고 나무라는 어머니에게 나는 다짜고짜 '동생은 형제간이면서도 나를 도와주지 않고 보고만 있었다'라고 했다. 그 뒤 계면쩍은 얼굴을 하고 돌아온 동생을 어머니는 아무 말 없이 무조건 때렸다. 지금은 싸움이라면 나보다 훨씬 강하여 끼어들지 않아도 될 싸움도 몇 번이나 했는데, 그 후부터는 우리 형제는 상대방이 걸어오는 싸움은 스스로의 싸움으로 생각하고 같이 싸웠다."

인간에 있어 도덕 언어 정신 이념 모두가 하나의 장식품에 지나지 않는다. 어떠한 동기에서 그것이 모두 탈을 벗어버릴 때, 자기를 최후로 지켜 주는 것은 육체밖에 없다. 스스로 육체적 존재를 주장하게 되는 길은 개인의 폭력인 동시에, 그 폭력에는 다른 폭력과는 무엇과도 바꿀 수 없는 존엄성이 있다는 사실을 자식들에게 가르쳐야 한다.

상대방에게 얻어맞고도 반격하지 못하는 어린이는 그 인생 전체의 투쟁에서 어떻게 될 것이라는 것은 명약관화하다.

아들의 성기 성장을 칭찬하라

나는 어렸을 때 시골서 살았기 때문에 목욕탕이라는 것을 모르고 자랐다. 여름이면 시냇물 위쪽에서 어른들이 목욕을 하고 우리들은 멀리 떨어진 아래에서 목욕을 했다. 그래서 어른들이 벗은 알몸을 본 일이 없었다. 그런데 나는 중학생이 되던 어느 날 음모가 돋는 것을 발견하고 심각한 고민에 빠진 기억이 있다.

'아, 나는 퇴화하여 원숭이 같은 원시인으로 돌아가는구나!'

이런 생각을 못 버리고 다른 아이들 사타구니를 힐끔거렸다. 아무도 나 같은 신체변화가 없었다. 그러므로 더 고민하고 다른 아이들과 옷 벗는 자리를 피했다. 내가 그런 고민에서 해방된 것은 중3때였다. 다른 아이들에게도 신체변화가 있다는 것을 안 뒤였다. 그래서 나는 어렸을 때부터 우리 아이들에게 벗은 모습을 슬쩍 보여주었는데 나보다 많은 경험을 가진 분은 이렇게 말했다.

"우리 아버지는 나와 동생이 어렸을 때부터 중·고등학생이 될 때까지도 싫다는 우리를 강제로 데리고 가 몸을 씻겨 주셨다. 지금은 내가 아버지가 되어 생각하니 자식을 손수 목욕시키는 일이 얼마나 어려운 일인가를 느낄 수 있고 아버지는 잘 하셨다고 생각된다. 그래서 아이들 목욕시키는 것이 귀찮은 일이지만 그래도 세 번에 한 번은 내가 불러서 목욕을 시키며 아버지께서 우리에게 하

어느 유명한 성 심리학자는 "어려운 일을 감당하며 자기를 길러 준 연로한 어머님께 고생하신 은덕에 진심으로 감사하는 표시로 가장 진솔한 방법은 '한 남성으로서 성숙한 성기(性器)를 어머니에게 목욕탕에서 있는 대로 보여주는 것이었다."라고 달했다.

시던 흉내를 내본다. 그와 동시에 아이들의 신체적 성장과 변화를 보게 되고 사랑을 피부로 느낄 수가 있었다."

어느 유명한 성 심리학자는 "어려운 일을 감당하며 자기를 길러 준 연로한 어머님께 고생하신 은덕에 진심으로 감사하는 표시로 가장 진솔한 방법은 '한 남성으로서 성숙한 성기(性器)를 어머니에게 목욕탕에서 있는 대로 보여주는 것이었다."라고 말했다. 이 말은 매우 실감이 간다.

남자 아이들은 성장하여 사춘기로 접어들면 성기가 유년에서 소년, 소년에서 청년으로 바뀐다. 신체적 변화가 나타나면 어느 가정에서나 어머니는 묘하게 자식들 벗은 모습을 피하고 꼭 한 자리에 있어야 할 처지가 되면 아버지에게 밀어 버리고 아이들 보기를 부끄러워한다. 그것은 잘못된 생각이다.

비록 성이 다르다 하더라도 자기가 낳은 자식이 성숙해 가는 과정과 늠름하게 자라나는 신체의 부분을 어머니로서 손으로 만져 보고 정상적인 성장을 확인하고 찬양하는 것이 바람직하다.

커다란 지구본을 보여 줘라

아폴로 11호가 달나라에 도착했을 때, 얼마나 많은 사람들이 그 장관(壯觀)을 보고 지구와 달을 포함한 우주의 큰 테두리 속에서 대화를 했는지 모른다.

어린이는 어린이들이 받아들이는 방향이 다르고, 어른은 어른들이 받아들이는 방법이 다르겠지만 이러한 문제는 세대나 연령을 초월해 부모와 자녀들의 공통의 화제가 될 만하다.

우주나 위성(衛星)이 아니더라도 지구상의 큰 사건들에 대해 즉, 새로 일어난 전쟁에 대해서도 아버지는 아들과 이야기할 수 있어야 한다. 그럴 때 부모는 지구본이나 세계 지도를 펴놓고 전 지구적(地球的)인 거리 감각을 익히게 하면서 대화를 하는 것이 좋다.

그렇게 함으로써 외국에 가본 일이 없어도 지구상의 조국, 그 조국 속의 자기에 대한 인식, 자기가 소속되어 있는 국가나 사회, 또는 민족의 역사적인 장래를 의식하게 할 수 있다.

어느 외신 기자가 이렇게 말했다.

"미국에서 영국식 영어를 하면 미국 사람들이 아니꼽게 여기고, 영국에서 미국식 영어를 사용하면 물정 모르는 바보 취급을 당한다. 그러나 동양 사람이 중학교에서 배운 어설픈 영어 발음을 가

우주의 비밀과 인간의 생리, 현 세계를 다 품는 넓은 도량을 가진 인물로 성장시키자면 타국 또는 지구의를 통한 자기의 존재를 마음에 새기게 해야 한다.

지고 말하면 너그럽게 이해해 준다.

"그렇지, 자네는 동양 사람이니까."

이렇게 이해하고 그 말을 자연스럽게 받아들인다.

우주의 비밀과 인간의 생리, 현 세계를 다 품는 넓은 도량을 가진 인물로 성장시키자면 타국 또는 지구의를 통한 자기의 존재를 마음에 새기게 해야 한다.

외교관이면서도 우주적이고 세계적 안목이 없는 이유는 가정에서 부자간에 지구상의 문제인 큰 사건에 대하여 지구의를 놓고 대화하지 못한 데서 오는 것이 아닌가 생각된다.

그러므로 부모는 자식과 가정생활에만 매이지 말고 세계나 국가 문제를 놓고 광범위하고 진지하게 대화를 할 필요가 있다.

싸움에 이기는 개구쟁이로 키워라

인생은 결국 싸움이다. 그리고 싸움은 어릴 때부터 시작된다. 그러므로 어린이라도 그 싸움에서 이겨야 한다.

어린이 세계에서도 싸움에 이기는 아이와 지는 아이가 있게 마련이라면 내 자식은 먼 장래에 인생의 승리자로서, 떳떳한 인간으로 키우기 위해서는 우선 이기는 아이가 되기를 바라는 것이 부모 마음이고 또 그렇게 가르쳐야 한다.

어느 아버지의 말이다.

"나의 둘째 놈은 나를 닮아서 몹시 신경질적이고, 조생(早生)한 탓인지 유치원 때 체격이 작아서 가끔 남한테 무시를 당하고 있었다. 신경질적인 탓인지 자존심 때문인지 부모에게 그 사실을 감추고 있었는데 그것을 나중에 알게 되었다. 나는 상대 아이의 특징을 듣고 다음번에 상대방이 부당한 요구를 하여 싸움을 하게 되거든 이렇게 대항하라고 격투의 방법을 가르쳐 준 적이 있다. 힌트는 소크라테스의 제자 알키비아데스가 체구가 큰 상대방과 싸우게 될 경우엔 당할 수가 없으니 여자처럼 꼬집고 할퀴고 하지 말고 사자처럼 상대방에게 달려들어 물어뜯어서 이겼다고 하는 에피소드가 있다. 겸해서 내 자식에게 만약 누가 덤비거든 '나는 사자다'라고 소리치며 덤벼들라고 가르쳤다."

그리고 그는 자기가 가르친 결과를 말했다.

"어느 날 우리 아이가 못살게 구는 개구쟁이와 충돌하게 되었다. 아이는 내가 가르친 대로 상대의 귀를 잡아당기고 얼굴을 물어뜯고 사자처럼 공격하여 이겼다. 그 후부터 아이는 자신감을 갖고 작은 몸집으로 3년 동안의 유치원 생활에서 싸움 상대가 없는 아이로서 통하게 되었다. 어느 날 아내가 아들을 데리고 길을 가는데 유치원 동급생이 동행하던 자기 어머니에게 '저 애가 우리를 못살게 군다'고 하며 손가락질을 하여 아내는 낯이 뜨거워 혼났다고 했다. 그러나 나는 속으로 흐뭇했다."

어린이들의 싸움은 단순하다. 그러나 이기느냐 지느냐에 따라 애들은 일생 동안 잊을 수 없는 큰 상처를 입는 것이다. 그러므로 부모가 나쁜 지혜를 쓰지 않더라도 약간의 지혜를 짜서 자식들의 싸움에 도움을 주는 것은 부모의 의무이기도 하다.

대개 부모들은 자기 아이가 누구한테 맞고 오는 것보다 누군가를 때려서 이기고 오기를 바란다. 그러나 동네 왕초라도 자기 위치가 어떤 경우에는 자기보다 센 상대에 의해 붕괴될 수도 있다는 것을 가르치고 힘을 함부로 사용하지 못하게 자제할 것도 가르쳐야 한다.

남자는 정당한 싸움에서 절대적으로 이겨야 한다. 그러므로 유형무형의 준비를 어려서부터 교육시켜야 한다.

먼 곳으로 심부름을 보내라

헤르만 헤세는 '인간은 10세가 되면 체험을 통하여 세상의 모든 것을 어느 정도 알게 된다'고 했다.

그러므로 부모는 자녀가 어떤 일을 하기 전에 계획을 세워 여러 체험을 자녀에게 전수해야 한다. 그 중에서도 가장 귀중하고 얻는 것이 많은 체험은 고독(孤獨)을 통해서이다. 자녀가 인생을 깨닫고 인간상을 구축하는 가장 기본적인 토대를 쌓는 것은 고독감을 통하여 알기 쉽게 가르치는 것이다. 그 방법으로 자녀를 될 수 있는 한 먼 곳으로 심부름을 보내는 것이다.

심부름하는 목적이나 사명감을 알려 주고 책임을 지워주면 어린이는 자기 나름대로 지혜와 용기를 짜내어 임무를 다하는 노력을 할 것이다.

자녀의 능력에는 한도가 있지만, 약간 멀지도 모르는 곳으로 심부름을 보내는 일은 어린이의 장래를 위해서도 바람직한 일이다. 어른이 돼서 어린 시절의 마음의 여행을 하나의 기념으로 삼아 깊은 인상을 심어 주는 것은 큰 양식이 될 것이다.

어린이가 어느 시대나 《엄마 찾아 삼만리》라던가 《집 없는 천사》라고 하는 유년 시절부터 고독한 낭만 소설에 본능적인 공감을 가지고 읽는 이유도 거기에 있다.

데카르트는 "아이들에게 여행을 시킬 것, 모험적 항해를 시킬 것, 특이한 풍속이나 사회 속에서 생활하고 있는 사람들을 방문하게 할 것, 그리고 여러 가지 체험을 통해서 자기 자신을 시험해 보는 것이 인간에게 가장 귀중한 것이다"라고 했다.

부모가 면밀하게 계획하고 시간표를 짜주더라도 어린이에게는 새로운 모험이 되는 것이다. 그런 중에 맛보는 마음의 흥분, 고독에서 오는 쓸쓸함, 불안과 기대, 뜻밖에 있을지도 모르는 남과의 해후(邂逅))에 의해 싹트는 의식, 그것은 부모가 상상 이상으로 자녀에게 큰마음의 자산을 주는 결과를 가져올 것이다.

가끔 외국의 부모를 만나기 위하 조그만 어린이가 스튜어디스의 손을 잡고 비행기에 오르는 것을 본다. 교통이 발달하고 이웃 나라가 이웃집처럼 되었다지만 그 어린이는 그 여행을 통하여 귀중한 인생 체험을 빨리 하는 것이 된다.

한 가정이 멀리 이사했을 경우 먼저 살던 집에 잊어버리고 두고 온 개가 어떠한 본능에서인지는 몰라도 가족의 뒤를 따라 몇 주간이나 며칠이 걸려도 새로 이사 온 집을 찾아왔다는 이야기가 많다. 그런 이야기를 어린이는 호기심을 가지고 흥분해서 듣는다.

어렸을 때 마음속에 간직하는 고독감이나 체험은 한 인간으로의 존재 가치와 자기 능력 개발에 큰 영향을 준다.

높은 곳에 올려 보내라

어느 장군은 두 아들을 어린 시절부터 높은 나무 위로 자주 올려 보냈다. 그것은 자식들을 군인으로 키우기 위한 일종의 기초교육이었다. 나무에서 바라보고 목측(目測)을 시키고, 나무에서 내려와 목표물까지 실제로 걸어서 몇 미터나 되는지 확인하고, 높은 데서 바라본 전체의 지형(地形)을 인식하도록 하는 기초적인 훈련을 시켰던 것이다.

장차 군인이 되는 것을 바라지 않는 어린이라도 될 수 있으면 높은 곳, 나무가 없으면 지붕 위라도 올라가 아래를 내려다보게 할 필요가 있다.

높은 탑, 높은 산, 높은 곳과 통하는 차 안에서라도 평상시 자기들이 발을 디디고 살고 있는 지상을 내려다봄으로써 어린이가 지면에 서서 돌아보는 기분과 다른 큰 인간 세계에 대한 새로운 인식을 가질 수 있다.

획일화된 생활 속에서 우리가 잃기 쉬운 것은 전체를 바라볼 수 있는 조감도이다. 인간은 날마다 좁은 생활공간에 틀어박혀 대국적 견지에서 상황 파악을 할 능력을 상실해 가고 있다.

어린이가 장차 어떤 직업을 갖게 될지는 모르지만, 회사의 장(長)이 되고 일의 책임자가 되어 부모가 이루지 못한 보다 더 큰 획일화된 생활 속에서 우리가 잃기 쉬운 것은 전체를 바라볼 수 있는 조감도이다. 인간은 날마다 좁은 생활공간에 틀어박혀 대국적 견지에서 상황 파악을 할 능력을 상실해 가고 있다.

일을 감당하기 위해서는 자기가 취급하고 있는 일들을 넓은 시야에서 내려다보는 안목을 키워주어야 한다.

부모는 그렇게 함으로써 바라보이는 먼 동네와 먼 지평선, 그리고 먼 산하(山河)를 향해 호연지기를 가지고 인생의 미래를 내다볼 수 있게 하는 게 좋다.

부모는 자식이 소망하는 무엇을 찾도록 크게 내다볼 수 있는 기회를 만들어 주기 위해 산에도 함께 올라가 아득히 펼쳐진 넓은 세상을 보게 하고 생각할 수 있는 기회를 주어야 한다.

아이 혼자 집을 보게 하라

자녀에게 심부름을 시키는 일은 적극적인 자세인 동시에 어린 이에게 고독감을 주고 거기에서 많은 것을 배우게 하는 방법의 하나가 된다. 하지만 반대로 부모가 외출한 후에 어린이 혼자 집을 보게 하는 것은 자동적으로 자녀에게 고독감을 맛보게 하고 혼자 여행이나 심부름을 하는 이상으로 자기가 지키고 있는 가정이나 남겨 둔 어린 형제들에 대한 책임감을 느끼게 해준다.

부모가 조종하던 자동차나 비행기를 아이들에게도 직접 조종을 시켜 책임을 맡겨 보면 아이들은 아이들 나름대로 조종하거나 핸들을 잡고 어떻게든지 자동차나 비행기를 운행하게 된다.

어린이에게 주어진 고독은, 특히 자기 혼자 집을 볼 때는 여러 가지 상상력을 키우게 된다. 혼자 집 보는 일이 많은 아이일수록 책을 많이 읽게 만든다. 될 수 있으면 텔레비전 안테나 배선을 끊어 아이가 책을 찾게 만드는 것이 바람직하다.

어느 평론가는 아들이 중학생이 되면서 곧바로 산을 하나 넘어야 하는 먼 학교에 다니기가 힘들어서 학교 근처에 하숙을 시켰다. 아직 어린 나이에 아들은 가족들과 떨어져 있는 것이 외로워 싫든 좋든 매일 독서로 시간을 보냈다. 결국 그가 문필가로 일가를 이루게 된 것은 고독의 체험 덕택이었다고 한다.

텔레비전을 보지 못하게 하면 어린 시절에 집 보기를 자주 하는 어린이들은 책을 많이 읽는다. 그리고 독서에도 진저리가 나서 집에 혼자 있을 때는 아버지 서재나 장 속을 뒤지다가 뜻밖의 것을 발견하고 여러 가지 흥미를 갖는다. 그러한 경험을 토대로 어린이는 어린이 나름대로 어른의 세계를 엿보고, 상상하고, 가정이란 울타리 속에 사는 한 사람으로서 자기를 자각하기 시작한다.

어느 아버지의 고백이다.

"어느 날 부모도 가정부도 다 나가 혼자 집을 보고 있을 때, 아버지 옷장에선지 어머니 옷장에선지 장 속에서 장도칼을 발견했다. 그때의 강렬한 충격은 아직도 잊지 못한다. 도대체 우리 부모가 왜 그 같은 것을 몰래 숨겨 두고 있었을까? 나는 그때 비로소 내가 보고 믿고 있던 부모와는 다른 일면, 어떠한 경우에는 우리 자식들을 버리고라도 맞서서 싸워야 하는 어른으로서의 부모의 단면을 엿볼 수 있었다. 그리고 깨달았다. 지금까지와는 다른 부모의 인격을 통해서 나의 인간에 대한 상상이 얼마나 벅찼는지 헤아릴 수가 없었다."

아버지에 의해 움직이고 있던 가정이 아버지가 없을 때에 정지된 상황에서 예견할 수 있는 것은 집이나 가정이란 것에 대하여 다른 인식을 심어 주는 게 틀림없다.

자라서 어른이 된 뒤에 자기 직장의 숙직이라든가 일직 따위를 설 때, 보통 때와는 다른 감회를 가지고 그 직장에서 일하고 있는 자기 자신을 다른 관점에서 볼 수 있는 계기가 되는 것과 같은 것이다.

자기 노동으로 돈을 번다고 가르쳐라

아이젠하워 회고록 중에 그가 아직 10세의 소년 시절, 의지가 강한 그의 어머니가 아들을 보고

"네가 공부하고 싶으면, 네가 벌어서 학교에 갈 결심이 없다면 그 목적을 이룰 수 없다. 인간은 누구나 자기 이마에 땀을 흘리지 않고 성공한 사람은 없는 거야"

라고 말했다고 했는데, 이런 일은 유럽 사회에서는 흔히 보는 일이다. 서구 여러 나라에서는 무의미하게 여덟 살이면 한 달에 얼마, 열 살이면 한 달에 얼마, 중학생이 되면 한 달에 얼마 등식으로 용돈을 주지 않는다. 아무리 풍부한 가정이라도 특히 학교가 방학 때와 같은 경우에는 어린이도 어린이의 능력으로 할 수 있는 일거리를 주어서 그 보수로 용돈을 준다.

매일 아침 우유병을 간수한다던가, 신문을 들려온다던가, 집의 칠을 돕는 따위의 일을 시킴으로써 어린애들에게 인생이란 노동을 안 하고는 살 수 없고 어떤 수입도 노동의 대가로써만 있을 수 있다는 것을 깨닫게 하고 금전이란 의미를 이론이 아니고 체험적으로 터득하게 한다.

만화가인 곤도(近藤日出造)는 12, 13세 때 어느 잡지의 현상만화에 응모해서 입상하여 상금을 받았는데 아버지는 그 상금을

의지가 강한 그의 어머니가 아들을 보고 "네가 공부하고 싶으면, 네가 벌어서 학교에 갈 결심이 없다면 그 목적을 이룰 수 없다. 인간은 누구나 자기 이마에 땀을 흘리지 않고 성공한 사람은 없는 거야"라고 말했다.

잘 간수해 두도록 하고 대신 더 많은 돈을 주었다. 그것이 그에게 금전의 고마움을 처음 깨닫게 했다고 술회했다.

가정에서 부모가 이유 없이 용돈을 주면 자녀들은 습관이 잘못 들어 인간이 못 되게 만다.

일본의 작가 엔도(遠藤周作)는 자기 자식들에게 독특한 교육을 시켰다고 한다. 그는 아들이 초등학교 1학년 때는 애를 보게 하고, 2학년 때부터 5년 동안은 어느 호텔의 도어 보이로 일하게 했다. 호텔 측에서는 그러한 어린이를 두는 것은 몹시 귀찮은 일이었지만 그의 의지를 듣고 쾌히 승낙해 주었다고 한다. 실은 호텔에서 그 아들에게 지급되는 급료는 미리 그의 아버지가 호텔 측에 맡겨 두었던 것이다. 그래도 아들은 그것을 모르고 호텔의 도어 보이로서의 노동의 대가로 생각했던 것이다.

그것이 아들의 생애에 얼마나 큰 가치를 가져다 줬는지는 예측하기 어렵지 않다. 그는 자식이 장성한 후 만일의 경우 그 기술만으로도 먹고 살 수 있도록 하기 위해 이발 기술을 가르쳤다고 한다.

이런 교육 방법은 흔히 있을 수 있는 것이라고 생각하지만 막상 부모들은 정에 약하여 실천하지 못하는 경향이 있다.

자녀에게 술을 금하지 말라

　인간은 여러 가지 이유를 가지고 술을 마신다. 매일 밤술이 좋아서 마시는 사람을 애주가라 하지만 파고들면 이 세상에는 처음부터 술이 좋아서 마시는 사람은 많지 않다.

　이 세상의 아버지는 가정 밖에서 술을 마시고 또 가정에 돌아와서도 술을 마신다. 어린이들 입장에서 보면 취해서 돌아오고 또 가정에서도 술을 마시고 얼큰해지면 어머니에게 혀 꼬부라진 소리를 하는 아버지가 싫을지 모르지만, 될 수 있다면 아버지가 어떠한 이유로 술을 마셨는지 자녀들에게 이야기해서 자녀들이 이해하도록 하는 것이 중요하다.

　자식(어린이)한테 술을 독약 취급하는 것은 어리석은 짓이다. 물이 나쁜 프랑스에서는 물 대신 약한 포도주를 자녀들에게 마시게 하는데 아무리 약하다고 해도 알코올이고, 어린이 몸속에서 그것이 작용하는 것만은 틀림없다.

　술에 취하는 것이 말할 수 없는 무엇인가를 우리에게 준다는 것을 자녀들에게 알려주는 것이 나쁜 것은 아니다. 너무 어리면 해가 되겠지만 성년이 되어가는 자녀에게는 술 마시는 것을 절대로 금할 필요는 없다고 본다.

　한 아버지의 말이다.

"어렸을 때 치통으로 밤중에 치과에도 가지 못하고 있을 때 아버지가 서재에서 도수 높은 스카치를 가져다 탈지면에 묻혀서 충치에 발라 준 것이 철들어서 맛본 술의 시초였다. 중학생이 되면서 아버지는 가끔 나에게 맥주를 권하셨고 처음에는 쓴 액체로밖에 맛을 몰랐지만 그러한 중에 어떤 계기가 되어 알코올이 몸에 돌았다고 생각될 때까지 맥주를 마셨을 때 비로소 술이란 무엇인가를 알았다. 그것은 처음 경험한 성(性) 이상으로 감동적이고 감미로운 것이었다. 어쨌든 처음 맛보는 무엇인가 있었다. 그 취기(醉氣) 비슷한 것의 저편에 몹시 커다란 미지의 즐거움이 있다는 것을 알았다."

자녀(어린이)에게 술을 억지로 마시게 하라고 하지는 않지만 자녀에게 술을 절대로 마시지 못하게 하는 것은 의미가 없는 세속적인 도덕관념이다. 오히려 자녀들에게 술의 맛을 알림으로써 부모는 쓸데없는 설교보다 몇 배나 되는 표현 불가능한 인생의 양식을 그들에게 줄 수 있다는 것도 생각해야 한다.

왜 술을 마시는지를 변명한 중국의 도연명(陶淵明)의 시가 있다. "술만 마시지 말고 혼탁한 세상을 바로잡기 위하여 그 식견(識見)을 살리시오"라는 충고를 받고, "참 고마운 말씀이지만 세상과 사귀고 싶지 않은 내 성질을 고쳐야 되는데 나는 그것이 싫소. 쓸데없는 충고는 그만 두고 우리 술이나 한잔하지 않겠는가" 하고 대꾸한 시이다.

이 기분을 자식이 알게 하기는 힘든 일일지 모르지만 어른이 되어 가는 자식을 상대로 집에서 마시는 술맛도 괜찮을 것이다.

자녀의 약점을 말하지 말라

어린이가 자기의 약점을 깊이 의식하게 되는 것은 어린이 시절 뿐만 아니라 일생을 통해서 잠재적으로 깊은 상처로 남아 큰 부담이 되는 수가 많다.

"아이들은 어려서부터 용기를 북돋아 주고 놀라게 하거나 속이는 일이 없게 하여 겁쟁이로 만들어 일생을 열등의식으로 살지 않게 하라"는 말이 있다. 파워 육아법은 엄격한 통제 교육이 아니라 어린이는 어린이로 자연스럽게 성장하여 건전한 어른이 되도록 이끄는 육아법(育兒法)이다. 따라서 천둥소리나 하늘이 캄캄해질 정도로 공포에 떨게 하고 심하게 꾸짖는 것은 절대 금한다.

우리 부모들은 어리석게도 자식의 귀여움에 눈이 어두워 지나친 보호를 하는 반면 자기도 모르게 자녀들에게 상처를 입히는 수가 많다.

한 아버지의 말이다.

"우리 차남은 몹시 신경질적이고 웬 일인지 몰라도 커서 헤엄을 쳐도 물에다 얼굴을 들이밀지 못했다. 초등학교 2학년 때 바다도 가까운 데다 동네 아이들은 모두 수영을 잘하는데 그 녀석만은 그 때까지 고무 주브 없이는 헤엄을 못 쳤다. 집사람이 신경을 써서 여름에 그 녀석이 헤엄치게 하기 위하여 대학생에게 수영 코치를 부탁했고 경쟁심을 불러일으키기 위하여 풀장에서 헤엄 잘 치는 동급생과 어울리게도 했다. 그런데 그것이 오히려 마이너스가 되었고 노이로제가 되어 여름 방학이 끝날 무렵 그 애는 너무 신경을 써서 불면증에 걸리고 말았다. 그로 인해서 우리 부모는 크게 반성하고 그 뒤부터는 조심했다.”

어린이가 장성한 뒤라면 단점을 지적하는 일이 보완하는 동기가 되지만, 너무 어릴 때는 오히려 열등감을 주거나 그 이상의 공포감을 주게 되며 노이로제의 원인이 된다.

아이의 결함을 대놓고 지적하지는 않으면서 다른 아이들을 예로 들어 놀려 대는 방법으로 자녀에게 자극을 줄려고 하지만 실은 그것도 어린이에게는 상처가 될 수 있다.

부모가 아무렇지 않게 자녀의 약점을 지적하는 것도 상처가 된다. 자식에게서 자기와 동일한 점을 발견했을 경우 부모는 당황해서 그 약점을 보완하려고 노력한다. 그러나 어린이가 자기의 약점을 보충하게 하는 유일한 방법은 약점 아닌 장점을 찾아내어 자부심을 갖게 하는 것이 좋은 방법이다.

별 것 아니라도 자녀의 장점을 크게 칭찬해 주고 자신감을 갖도록 하면 알지 못하는 사이에 다른 약점을 극복해 나가게 된다. 그러므로 아이들에게 장점을 통한 의욕을 북돋아 주는 것이 최선의 교육이다.

적극적인 자세는 결점이나 약점을 이겨내고 자기의 장점을 통하여 자부심을 가지고 성장하게 하는 것이 부모가 할 일이다.

자녀에게 팀플레이의 스포츠를 시켜라

인간은 성장해서 학교를 졸업하고 사회인이 되면 시간이 흐를수록 세상일에 때가 묻어 인간 본연의 아름다움을 상실하고 사회의 여러 상황으로 인해 자신도 모르게 세상 물결에 동화되어 본래의 모습을 잃게 된다.

남자는 남자답게 진실한 용기를 보이고, 여자는 여자답게 헌신적이며 부드럽고도 아름다운 모습을 보여야 한다. 그리고 우정을 가지고 이웃을 사랑하며 공공의 책임을 다해야 한다. 그러나 어지러운 세상 물결에 휩쓸려가며 순수하고 아름다운 모습은 거의 찾아볼 수 없는 현실이다.

그런 모습은 어쩌다 팀플레이의 운동 시합에서나 볼 수 있다. 축구 시합에서 누군가가 공을 잡을 것이라고 생각하고 자기는 가만히 있다면 자기 골라인으로 상대편이 몰고 와 득점으로 연결시킬 위험에 처하게 되므로 한 팀의 일원으로 최선을 다하여 뛰게 된다.

바다 요트 경기는 변화가 심한 해상의 기상에 따라 일반 스포츠보다 위험성이 커서 조금만 나태하면 순식간에 생명을 잃는 위험한 경기이다. 그러므로 지상에서는 볼 수 없는 긴장감이 고조되고 한 사람 한 사람이 완전히 자기 책임을 다하지 않으면 안 된다. 그

남자는 남자답게 진실한 용기를 보이고, 여자는 여자답게 헌신적이
며 부드럽고도 아름다운 모습을 보여야 한다. 그리고 우정을 가지고
이웃을 사랑하며 공공의 책임을 다하여야 한다.

런 까닭으로 진짜 우정이 요구되고 진정한 용기가 요구된다. 선수
가 된 아이들은 그 속에서 굳은 신뢰 관계가 맺게 된다.

한 사람의 크루가 자기 책임을 조금이라도 태만하면 자기 생명
뿐 아니라 승무원 전체의 생명까지도 잃게 만든다. 그러므로 여기
에는 엄숙한 책임감이 있고 그 책임 수행으로 하여 진짜 용기와
협동심이 요구되며 그 실천을 통하여 새로운 우정과 신뢰가 생기
게 된다.

남에게는 팀플레이의 경기를 하라고 하면서 자기 자녀를 실제
그 스포츠에 참가시키는 것은 꺼린다. 남자 아이들은 될 수 있는
대로 여럿이 팀워크를 이루어 행하는 과격한 경기에 한 번쯤 참여
하도록 부모는 강제로라도 권장할 필요가 있다.

그것은 남보다 앞서 피아노를 가르치거나 외국어를 가르치는 이
상으로 자녀의 인생에 큰 선물이 될 것이다.

잔일로 사내를 소인으로 만들지 말라

'남자는 주방에 들어가지 말라'는 말이 있다. 결국 이것은 상징적인 뜻을 지닌 것으로 부엌 일, 즉 가사 전반에 걸쳐 특히 사내아이가 사소한 일을 하게 해서는 안 된다는 말이다.

핵가족 풍조에서 남녀의 구별 없이 어린이에게 빵 굽는 일에서부터 접시 닦는 일까지 시키는 것을 미덕으로 생각하는 모양이지만 이건 바람직한 일이 아니다.

요즘 급증하는 젊은 아내의 가출 사건을 조사해 본 결과 대부분의 남편이 전형적인 가정형으로 아내를 대신해서 집안일을 하고 요리도 하는 편이라는 것이다.

가정이란 분명히 부모와 자식간의 팀워크에 의해 영위되는 것이므로 가정에서 자녀가 어머니의 몫까지 하게 해서는 안 된다. 다만 자기 방 청소를 자기가 한다든가 부모에게 부담을 주지 않고 부모의 손을 빌리지 않고 스스로 하고, 더 나아가 외부로 심부름을 하게 하는 것은 좋다. 그러나 집안의 잔일에 매달리게 하는 것은 좋은 방법이 못된다.

최대의 효도는 부모 부담을 덜어주기 위하여 잔일에 아들이 끼어들지 않는 것이다. 부모의 부담을 덜어주려는 생각만 하는 자식이 귀여운 존재가 아니다.

가정이란 분명히 부모와 자식간의 팀워크에 의해 영위되는 것이므로
가정에서 자녀가 어머니의 몫까지 하게 해서는 안 된다.

농가에서 농사일을 돕는 어린이나 식품점의 아이들이 배달을
거드는 일은 별개이다.

일반 가정에서 부모가 아들에게 앞치마를 입히고 가사를 돌보
도록 하고 집안 이부자리에서부터 바느질까지 시키는 것은 부모
의 악취미라고 보아야 할 것이다. 이것은 어린이를 소인(小人)으
로 만드는 잘못이다.

어머니 대신 찌개나 끓이고 오믈렛을 만드는 어린이로 키우는
것은 아들의 장래를 망쳐주는 것이다.

자식의 손을 빌리지 않고는 집안 일 처리를 못하는 부모는 부모
될 자격이 없는 것이다.

고급품 구매는 최대의 저축이라고 가르쳐라

전에 유럽의 경제를 휩쓴 로스차일드 가문의 몇 대챈가에 유명한 이야기가 있다.

그는 자기의 마부인지 운전사인지를 데리고 거리를 거닐고 있는데 유명한 서커스단이 왔다는 것을 알았다. 마지막 회가 시작됐다. 앞으로 15분 후면 마지막 할인 요금으로 입장할 수 있게 된다는 게시가 나붙은 것을 보았다.

로스 차일드는 주인 대신 입장권을 사려는 하인에게 "기다려라, 15분만 더 기다리자"고 말하고 찬바람이 몰아치는 서커스단 앞 광장에서 뺨을 비비며 15분이나 기다렸다는 것이다.

이것은 미덕이라면 미덕이 되겠는데, 상대가 로스 차일드와 같은, 다른 사람이 상상할 수 없는 재산을 가진 가문의 인물이 한 일이었기 때문에 이런 이야기가 남달리 들릴 수 있는 것이다.

일반적인 재력으로 꾸려 나가는 가정에서는 그것이 오히려 당연한 것으로 생각될 것이다. 그러나 자녀를 가르칠 때 지나친 절약보다 낭비야말로 최대의 저축이라는 것을 가르칠 필요도 있다.

가끔 실시하는 학교 저축이라는 것도 그저 강제일 따름이고, 그렇게 했다고 해서 저축 정신이 배양되는 것은 아니다. 어린이나 어른도 돈은 저축하는 것보다는 쓰는 편이 생리적으로 기분이 좋은 것은 사실이다.

아버지들은 가끔 비싼 돈을 주고 사 온 장난감을 어린이가 망그러뜨리면 꾸짖는데 그것도 잘못이다. 장난감을 부수고, 분해하고, 따로 거기에서 과학적인 지식은 못 얻는다 하더라도 장난감을 부수는 일에서 실은 그 어린이는 장난감을 자기 정신과 감성(感性)의 차원에서 소화시킨 것이다.

물질이 아닌 것을 얻기 위한 비용, 다시 말해 비용에 의해 얻어지는 체험은 그 체험을 어린이들은 어떻게 받아들이는가에 따라 몇 십, 몇 백, 몇 천배의 물건을 사들인 것보다 가치가 있다.

예컨대 어린이에게 싸구려 저질 물건을 여러 개 사 주는 것보다 분수에 맞지 않아도 한 번에 고급품을 사서 주는 편이 낫다.

한 대학 교수가 이렇게 말했다.

"내가 어렸을 때 학예회에서 쓸 하모니카를 사러 갔을 때였다. 최고급 하모니카는 오만 원이 넘기 때문에 단념하고 질이 좀 낮은 것을 사려고 지갑을 열었더니 아버지가 10만원을 주시어서 용기를 내어 비싼 것을 샀다. 어린 마음에도 큰 낭비를 하고 돌아왔다고 생각하고 아버지에게 왜 10만 원을 주시었느냐고 했더니 아버지는 제일 좋은 것은 그것으로 못 살 것 같아서 그랬다는 것이다. 나는 그 일을 지금도 잊지 못하고 있지만 그 하모니카를 지금도 가지고 있다."

어떻게 생각하면 분수에 넘게 10만 원을 준 것은 부모의 허영심이었는지 모르지만 그것을 성인이 되도록 오래오래 가지고 사용할 수 있게 된 것은 결국 낭비가 아니었다.

아버지 앞에서 불만을 터놓게 하라

아버지는 무어라 해도 가정의 핵(核)이다. 그러나 그 처지로 보아 자녀와의 관계에서 어머니보다는 멀다. 그러나 바람직한 가정을 꾸려 나가기 위해서 자녀는 어머니보다도 아버지와 교류(交流)하는 것이 필요하다.

자녀가 떼를 쓰면 애매하게 통하는 어머니와는 달리, 아버지한테는 자기감정을 분명히 밝히지 않으면 자기를 이해하지 못한다고 생각하는 게 아이들의 심리다.

자녀가 아버지에 대하여 표현하기 위한 감정은 아버지에 대한 불만이겠지만 상대가 아버지라는 점에서 그것을 억눌러 버리는 것보다는 아버지에 대한 불만을 분명하게 말하도록 하여 아버지는 아버지의 입장에서 그와 대결함으로써 보다 긴밀한 부자간의 관계가 이루어질 수 있도록 해야 한다.

아버지는 어머니와 달라서 주로 가정 밖에 있으므로 어머니보다는 간접적이고 어머니에 비해 자녀한테는 훨씬 남 같은 존재이다. 부자간에 감정교류를 충분히 하면 자식도 아버지에 대한 관계가 소원(疏遠)했던 스스로를 깨닫게 된다.

모리 오가이(森鷗外)에 대한 그의 아들의 회고록 가운데 다음과 같은 일화가 있다.

> 아버지는 어머니와 달라서 주로 가정 밖에 있으므로 어머니보다는 간접적이고 어머니에 비해 자녀한테는 훨씬 남 같은 존재이다. 부자간에 감정교류를 충분히 하면 자식도 아버지에 대한 관계가 소원(疏遠)했던 스스로를 깨닫게 된다.

"아버지는 어머니를 잃고 군의 총감(軍醫總監)의 자리에 있었기 때문에 외부 연회 석상에서 식사할 기회가 많았다. 그러나 그는 1년에 한두 번은 나를 데리고 일류 요정에서 식사를 했다. 그때 옆에서 시중드는 아름다운 아가씨에게서 어머니가 없는 나는 어머니의 모습을 그려도 보았고, 또한 아버지에게 술을 따르는 기녀(妓女)들의 손목에서 그 여자와 남자인 아버지와의 교섭을 상상하고 일종의 고독함도 느꼈다."

어머니는 늘 어머니인데 아버지는 늘 가정에 있으면서도 가정 밖의 공인(公人)으로서의 상(像)을 자녀들이 갖게 함으로써 그것이 어린 자녀들에게는 불만이 된다. 그 응어리져 있는 불만을 박차고 빠져나와야 할 사람은 자녀들 편이고 보면 부모는 그것을 봉쇄하려 해서는 안 되는 것이다.

자식을 하나만 가지려면 아예 낳지 말라

최근 신문 보도에 따르면, 우리나라 출생률은 프랑스를 밑도는 세계에서 가장 낮은 수준에 있다. 이대로 가다가는 우리나라의 인구 상황은 21세기에 최악의 사태에까지 이르러 인재의 결핍으로 경제적 쇠퇴가 올 것이 분명하다.

지금은 외아들이나 외동딸을 가진 가정이 많이 늘어나고 있고 게다가 독신자까지 늘고 있다. 자식을 하나만 두려면 오히려 없는 편이 자녀를 위해서 좋다고 본다.

획일화된 생활양식 속에서 각 가정에 자동차 한 대와 하나의 자식이란 자녀 그 자체의 의미가 부모에게는 자동차와 동렬인 애완용으로밖에 여겨지지 않기 때문이다. 물론 부모는 외아들이기 때문에 한층 더 애정을 느끼고 사랑할 것이다. 그러나 자식에 대한 애정을 자식을 위한 형태로 기울이려면 외톨박이가 안 되도록 형제를 두어야 한다.

형제란 연령차는 있어도 한 가정이라는 같은 상황에서 경쟁 관계를 갖는다. 형은 형으로서의 이점을 가지고 있는 동시에 핸디캡을 동생에 비해 더 많이 가지고 있다. 그러한 조건 속에서 형제는 싸우고 그 싸움을 통하여 인간적으로 갈고 닦기며 성장하는 것이다.

어느 인텔리 아버지의 말이다.

"너무 지나친 이야기 같지만 우리 가정에는 사내아이 사형제가 있는데, 아비인 나를 포함해서 식사 시간에는 마치 전쟁터와도 같다. 동물원의 급식 시간과도 같이 형제뿐만 아니라 부모인 나까지도 정신없이 식사를 위해 투쟁한다고 볼 수 있다. 한심하다고 생각하면 한심한 것이지만, 그 같은 경쟁 속에서 무언가 배양되는 것이 틀림없이 있다고 본다."

아버지란 자식을 얻는 순간 자기가 지금까지 의식치 못했던 인간의 존재의 고리에, 부모와 자기, 그리고 자식과 자기라는 형태로 연결시켜 놓고 자신이 존재하고 있다는 사실을 느끼게 된다. 그리고 동시에 인간의 존재 계보(系譜)는 결코 하나의 고리가 하나로 연결되는 형태로 있을 수 없다는 사실을 깨닫게 된다.

다시 말해서 하나의 고리에서 복수의 고리가 생기고, 다시 그 고리의 하나하나가 복수의 고리로 연결되어 간다. 그러한 점을 수천 년 전의 석가모니는 그 존재론의 앤솔로지라고 할 수 있는 법화경(法華經)에서 설법하고 있다. 부모가 자식에게 형제를 주지 않는 것은 한 자식도 낳지 않는 것과 같다.

하나의 고리에 하나의 고리밖에 달지 못하는 독자(獨子)는 인간의 자식으로서 불구로 성장하는 것과 같다.

형제는 부모가 줄 수 없는 가치를 서로 주고받는다는 사실을 부모는 알아야 한다.

    장난감을 망가러뜨리면 꾸짖는데 그것도 잘못이다. 장난감을 부수고, 분해하고, 따로 거기에서 과학적인 지식은 못 얻는다 하더라도 장난감을 부수는 일에서 실은 그 어린이는 장난감을 자기 정신과 감성(感性)의 차원에서 소화시킨 것이다.

CHAPTER 4

창조력創造力을 길러라

불량성의 싹을 억지로 자르지 말라

어린이에게 불량성이 있다는 거와 어린이가 불량하다는 것은 전혀 의미가 다르다. 그것을 판단하는 것이 부모의 의무인 동시에 어린이를 정말로 이해하는 길이다.

어린이의 불량성 중에는 부모가 그 표본인 획일적인 것과, 세속적인 도덕성, 그리고 통속성에 대한 반항이 섞여 있어서 부모로서는 볼 수 없는 강한 개성의 예견이 있는 것이다.

불량성의 싹이 그대로 자라서 불량하게 되는 것은 곤란하지만, 그 불량성의 싹에 실은 커다란 가능성을 간직하고 있다. 부모는 이런 점을 역사를 통해서 깨닫고 자녀들을 냉정하게 관찰할 필요가 있다. 물론 부모가 이해하고 기르는 불량성이란 것은 진실한 의미의 불량성이라고 말할 수 있을지 모르지만ㅡ.

오다 노부나기(織田信長)는 소년 시절에 비할 데 없이 난폭했다. 16세가 될 때까지 손을 쓸 수 없는 불량소년이었다. 그러나 그는 무장(武將)으로서 상대의 간담을 서늘케 했던 뛰어난 전술은 아마도 그 불량성 가운데서 싹텄는지 모른다. 그의 장인이 된 사이도오(齊藤道三)는 그를 보자 첫눈에, 이미 자기가 공들여 쌓은 영토가 가까운 장래에 그의 손에 넘어갈 것을 예측하고 한탄했다고 한다.

불량성의 싹이 그대로 자라서 불량하게 되는 것은 곤란하지만, 그 불량성의 싹에 실은 커다란 가능성을 간직하고 있다. 부모는 이런 점을 역사를 통해서 깨닫고 자녀들을 냉정하게 관찰할 필요가 있다.

어린이의 불량성은 단순히 그것이 반도덕적으로 끝나는 수도 있지만, 동시에 도덕적 입장을 떠나서 기성 세대에 대한 질서나 가치에 대하여 반역을 길러 종래의 문명과 문화의 요소를 뒤집어 놓는 커다란 사업을 장차 어린이가 수행할 수 있는 바탕이 되기도 한다.

인간의 문명은 어느 시대에서나 강한 개성에 의하여 다시 살아났다는 점을 잊어서는 안 된다. 비록 자기가 능력이 없는 부모라 하더라도 그가 부모에게 강하게 반항심을 가지고 있을 경우에 오히려 그것은 마음 든든한 일이라고 하겠다.

자식들의 불량성을 부모가 조장할 필요는 없지만, 단순히 그것을 기성의 도덕률 때문에 두려워 뿌리까지 그 싹을 자르는 것은 어린이뿐만 아니라 인간 사회에 있어서도 커다란 가능성을 어리석게 말살시키는 행위밖에 안 된다.

어린이의 겉치장을 크게 키워 줘라

어린이도 세상 물정을 알게 되면 남에게는 숨기지만 자기 자신은 몰래 자기의 허영을 멋으로 인정하며 겉치장을 하면서 몹시 고민을 하는 법이다

나 자신도 물론 어릴 때나 오늘날에 이르러서도 멋을 잘 부리는 편에 속하는데, 그러한 허영이 쓸데없는 신경을 쓰게 만들어 결국은 의외의 성과를 얻은 일도 있다.

허영심으로 분수에 넘치는 책을 골라 읽는다던가, 국가에서 정한 교과 과정이 아닌, 제2, 제3 외국어를 배우던가, 혹은 예술적 훈련을 받는 등, 그것이 그 어린이의 실제 인생 목적은 아니더라도 외부로부터 강제에 의한 경우와는 달라서 어린이의 허영에서 이루어졌을 경우에는 별다른 노력 없이 자라서 어린이의 몸에 배게 된다.

경험한 아버지의 고백이다.

"난 나의 허영에 몹시 고민했지만, 분명히 중학교 2학년 때 학교 도서관에서 본 미키 기요시(三木淸)의 철학 수필집 속에서, 그가 허영(멋)을 가장 인간적인 것으로 인정하고 있는 것을 보고 안심한 일이 있었다. 그는 허영에 관한 말 가운데서 '인간의 허영은 인간에게 이상한 에너지를 준다. 가령 인간은 죽지 않는다고 하

자. 그러면 나만은 죽어야겠다고 자살하는 자가 나올지도 모른다. 인간의 허영심은 그렇게 무섭다'라고 했다. 그리고 '인간이 허영적이란 것은 인간의 보다 차원이 높은 성질을 나타내는 것이다. 허영심이란 자기를 현재 이상의 것으로 보이려는 인간적 열정이다. 그것은 가장(假裝)에 불과할지 모르지만, 인생을 가장하고 통할 수 있다면 그 사람의 본성(本性)과 가성(假性)은 구별되지 못할 것이다'라고 했다."

자기 자신 뛰어난 재능은 발휘할 수 없으면서 겉치장만 강할 경우 실로 그것은 어린이가 다른 영역에 대해서 겉치장(멋)이 없는 어린이보다는 강한 잠재력을 지니고 있다는 증거가 될 것이다.

그는 이런 이야기도 했다.

"초등학교 2학년 때에 이것 또한 부모의 겉치장에서, 그리고 그것이 나의 허영심을 만족시켜 준 것으로, 가까운 유치원의 독일인 선교사에게 영어를 배우러 다녔다. 배우기가 즐겁지는 않았지만 다른 아이들이 배우지 않는 외국어를 배우고 있다는 게 나의 허영심을 만족시켜 주었다. 교회 가는 길목에 이웃에 유명한 골목대장이 있었다. 그는 그리로 지나가는 어린이 누구에게나 시비를 걸기 때문에 다들 겁을 먹었다. 실은 나도 겁이 났지만 그래도 나는 색다른 외국어를 배운다는 허영심이 나를 용감하게 만들어 나이가 위인 그 골목대장을 초연하고 오만한 태도로 무시하고 지나다닐 수가 있었다. 그 기백이 상대에게 먹혀들어서 그 아이는 나를 괴롭히지 못했던 기억이 있다."

어린이의 거짓말을 너무 꾸짖지 말라

어린이의 거짓말을 무조건 다 나쁘다고 몰아붙이는 것은 잘못이다. 그렇게 단정하는 것은 경솔한 처사다.

자기의 실수나 약점을 숨기는 거짓말은 그 자리에서 지적해서 힐책하는 것도 좋지만, 모든 거짓말에는 독창성(獨創性)이 있다. 거짓말을 하자면 남보다 뛰어나게 독창적인 자기를 만들어 놓아야 한다. 그것도 일종의 표현 기술이다.

동화에 나오는 '늑대와 소년'이란 거짓말은, 같은 거짓말을 반복했을 경우에 그것이 마침내는 자기에게 해가 될 우려가 있다는 교훈이지만 잘 읽어보면 그 거짓말을 악(惡)하다고 꾸짖지는 않는다. 어디까지나 훈계(訓戒)이다.

시니컬하게 말하면 어른의 마음을 완전히 끌어 늑대가 쫓아오는 공포감을 만들고, 남들에게 파급시킨 한 늑대 소년의 거짓말 꾸미기는 매우 독창적이고도 실감나는 연기라고 할 수 있다.

가끔 아이들이 진짜 거짓말을 하는 것을 고지식하게 듣고 맞장구치는 것을 보고 어른들은 꽤 좋아한다. 그러다가 왜 그 뒤에 부모는 정색을 하며 '지금 한 말은 거짓말이다. 거짓말을 하면 못 쓴다'라고 어린이에게 주의를 시키기도 한다.

그때 느끼는 어린이의 환멸은 말할 수 없이 클 것이다.

야나기다(柳田國男)는 《거짓말과 어린이》란 에세이에서 '어린이가 무심코 거짓말을 했을 경우에는 자연스러운 감정 그대로 웃는 것이 좋다. 그렇게 함으로써 어린이는 차츰 남을 즐겁게 만들 수 있다는 데 쾌감을 느끼고 끝내 밝고 씩씩하게, 창조력이 풍부한 문필가가 될지도 모르기 때문이다'라고 썼다.

지나친 거짓말이 예기치 않은 결과를 초래한다는 것을 어린이는 생각보다는 빨리 깨닫는다.

어느 아버지의 말.

"나는 어렸을 때 거짓말을 아주 잘했는데, 하루는 학교를 안 갈 생각으로 전날 장난을 치다가 친구에게 떠밀려 나가 떨어져 의자 모서리에 부딪쳐 가슴이 아프다고 꾀병을 했다. 걱정이 된 아버지는 나를 병원에 데리고 갔다. 그다지 의술이 발달되지 않은 당시의 뢴트겐으로 환부를 본 의사는 잘 모르면서도 맞은 흔적이 있다면서 가슴에 반창고 깁스를 감아 주었다. 나는 입을 다물었다. 그리고 아프지도 않은데 이것저것 주의를 받으면서 하루 놀 생각으로 한 거짓말이 할 수 없이 3일을 놀게 되어 거짓말의 효용도 한도가 있음을 깨닫고 다음부터 거짓말하기를 조심했다."

부모가 자식의 거짓말을 알면서도 그 거짓말이 그럴듯한 독창력이 있을 경우에는 그 창작은 거짓말이 아니고 분명한 창작자로서 인정하여 칭찬함으로써 자식의 거짓말 부분은 주의를 주고 창작 부분은 크게 소질을 키워 나갈 수 있게 해 주는 것이 좋다.

천재였던 사람들의 이야기를 들려 줘라

앞에서도 말한 바와 같이 어린이는 어린이 나름대로의 허영심을 가지고 있으며 어른이 놀랄 만한 경쟁심도 가지고 있다.

어린이에게 무어라 하더라도 가까운 사람은 자신과 같은 또래 어린이거나 연상의 선배이다. 어른은 어린이에게 아주 저쪽에 있는 이질적인 존재이기도 하다.

그러므로 어린이의 경쟁심이나 허영심을 자극해서 그들의 노력에 플러스 알파의 에너지를 더해 주기 위해서는 어린이와 비슷한 나이의 천재 이야기를 들려주는 것도 큰 도움이 된다.

어떤 아버지의 말이다.

"나는 다른 소년과 같이 로우틴에서 하이틴에 걸쳐 뜻도 모르고 내 천재성을 믿다가 결국은 아무것도 못한 채 스물 살 생일을 맞이했다. 나뿐만이 아니라 소년 대부분이 자기는 남과 다른 천재적 재질을 가지고 있다고 생각한다. 그러나 대개 그 막연한 스스로의 개성적인 본능을 남달리 증명하지 못한 채 성년에 이르고 만다. 그 점이 바로 99% 천재가 아님을 증명해 주는 것이었다."

누구나 천재가 아니더라도 어려서부터 노력하는 정도에 따라 보통 사람 이상으로 큰 성과를 올릴 수 있다. 그러므로 부모는 시(詩)에 랭보, 문학에 라디게, 음악에 모차르트 등의 어린 시절에 천재성을 나타낸 인물이야기를 들려주고 소년 시절에 역사에 남을 일을 완수한 선인들의 이야기를 들려 줄 필요가 있다.

예컨대 천재적 업적을 남긴 수학자 가우스는 초등학교 때 선생님이 1에서 10까지의 덧셈을 시켜 본 결과, 다른 학생이 하나하나 더해 간 것과는 반대로 1에서 10까지를 옆으로 놓고 그 아래에 거꾸로 10에서 1까지의 숫자를 써서 상하 어느 것을 보아도 합계가 11이 되는데 착안해서 11이 10개 있으므로 110, 그리고 반이 같은 게 있으므로 그것의 절반인 2로 나누어 55라고 즉석에서 대답했다고 한다.

이러한 이야기를 해 줌으로써 어린이는 자부심을 가지고 자기와 그러한 천재적 선인들과 상통하는 커다란 공통점이 있음을 믿게 된다. 비록 20세의 생일을 맞이해서 그러한 공통점이 환영(幻影)에 불과한 것이었다고 하더라도 그때는 이미 20세가 된 성인으로 약간의 환멸은 느낀다 하더라도 그들은 남달리 깊은 상처를 입지 않고 일반 사회인으로서 인생을 걸어갈 것이다.

유년 시절에 천재였던 사람들은 다른 어떠한 모험 소설이나 텔레비전 드라마의 주인공보다도 그것이 현실적 인간들이기 때문에 자녀(어린이)들에게는 더욱 로맨틱한 상상력을 강하게 자극하는 결과를 가져올 것이다.

친구가 없어도 칭찬해 줘라

어떤 어린이든지 그 나름대로의 친구를 찾게 된다. 동시에 어떤 때 어떤 기회에 어린이는 어린이 나름대로의 자존심이나 반항심에서 자신을 가지고 스스로 주위의 친구를 거부하거나 심지어는 고독을 즐기는 경우가 있다.

그런 경우 어린이의 심정을 부모가 이해하기는 쉽지 않을 것이다. 그것을 부모가 억지로 "왜 다른 아이들과 놀지 않느냐, 같이 놀아라"라고 다그치거나 강요하면 어린이는 도리어 상처를 입게 된다.

어느 아버지의 고백.

"나는 중학교 때 클래스에서 무슨 연유에서인지는 몰라도 업심을 당하는 친구를 옹호해 줌으로써 그때까지 사이좋게 이웃에서 통학하고 있던 친구들에게 따돌림을 당했고, 그러던 중 치사하게도 내가 옹호해 주었던 그 사내 녀석까지 상대편에 붙어서 결국 나는 왕따가 되고 말았다. 고독이라고는 할 수 없더라도 그다지 기분 좋은 일은 아니었다. 그러다 보니 나보다도 고학년 선배와 사귀게 되었다. 대하고 보니 같은 학년의 학우보다도 고학년 친구들 편이 더 많이 나의 허영심을 충족시켜 주었으며 배울 점도 많았다. 그래서 차츰 같은 학년의 친구와는 멀어졌다. 그러므로 부

어린이의 심정을 부모가 이해하기는 쉽지 않을 것이다. 그것을 부모가 억지로 "왜 다른 아이들과 놀지 않느냐, 같이 놀아라"라고 다그치거나 강요하면 어린이는 도리어 상처를 입게 된다.

모 입장에서 보면 친구라고 할 수 있는 인간은 거의 없는 것처럼 보였다."

누구나가 친구가 된다고 해서, 여러 친구를 가졌다 해서 얼마만큼 득을 보고 있는지 의심스럽다. 오히려 어떤 경우에는 부모가 억지로 시켜서 하는 협조가 어린이 나름의 개성을 잃게 하고 획일화된 착한 아이로 전락시키고 마는 경우도 있다.

놀고 있는 어린이들을 보고 있다가 어떤 경우에는 한 아이가 갑자기 기분 나쁜 얼굴을 하고 혼자 떨어져 나오는 것을 본다. 그때 그 어린이에게서 강한 개성을 지닌 한 어른의 모습을 엿볼 수 있다.

어린이의 교제 상대를 고르지 말라

부모가 자기 자식에게 어떤 사람이 교제의 상대로 적당한지를 어떻게 정해 줄 수가 있겠는가?

어린이는 자기 인생의 소년기를 살고 있는 것으로 어린이의 인생은 부모와 마찬가지로 어린이 자신밖에 없다. 어린이는 어린이 대로의 자존심과 자부심을 가지고, 자기의 취미를 가지고 친구나 장난감을 고른다. 노는 상대로서의 좋은 아이와 나쁜 아이를 부모가 세속적 도덕관념에서 자식에게 정해 준다는 것은 어리석은 짓이다.

한 아버지의 고백이다.

"나는 소년 시절을 타향에서 보냈다. 그 이웃에 마차꾼 가족이 살고 있었는데 그 집에는 아주 친절한 연상의 형제가 있었다. 그러나 어머니는 우리 형제를 그 집에 놀러 가지 못하게 막았다. 그것은 양반 근성에서 가진 관념 때문이었다. 그 가정은 신분이 낮고 어딘가 불결하다는 고정관념을 가지고 있기 때문이었다. 동생은 부모님이 말려도 그 집으로 놀러가 이를 옮겨온 적이 있었다. 그리고 서울 출장에서 돌아온 지점장이던 아버지를 역까지 마중 나간 동생이, 역시 마중 나온 아버지 회사의 부하들 앞에서 아버지에게 안기면서 자랑삼아 "나 이가 있다"라고 떠들어서 어머니를 포함한 모두를 놀라게 한 일을 지금도 못 잊는다. 그때 동생은 무척 개구쟁이였다. 나는 아무 이유 없이 그 집으로 놀러 가지 못하게 하는 어머니에 대하여 몹시 불만스러워 하던 터라 동생이 한 일이 몹시 통쾌하다고 생각했다.“

그리고 그는 이렇게 결론을 말했다.

“우리는 그 마차꾼 집 형제들에게서 여러 가지를 배웠다. 그중 어떤 것은 부모의 입장에서 본다면 악덕으로까지 보였을지도 모른다. 돈 대신 과자 따먹기 투전이나, 개구멍으로 남의 정원에 몰래 들어가 그 정원에 있는 벌레나 가재를 잡아오는 일종의 모험적 절도 행위, 어머니가 한사코 말리시던 칼장난 같은 것이다. 그러한 것은 어린이가 언젠가는 체험하고 깨닫는 것으로 지금 그것이 어린이에게 너무 이르다든지 늦다든지 하는 것은 누구도 단언할 수 없다. 오히려 그것을 알아야 할 시기를 놓침으로써 어린이는 크나큰 인생의 손해를 볼지도 모르는 일이다.”

어린이는 어린이 나름대로 부모보다도 순수하고 예민한 정의감이나 도덕심을 가지고 있다. 교제의 상대가 자기에게 평범하냐 비범하냐 하는 것은 그 자녀가 누구보다도 정확하게 판단한다.

어린이가 재미있게 노는 상대는 말할 나위 없이 상대가 개성적이고 비범하고 자기와 비슷하거나 다른 점을 가지고 있을 경우이다.

부모는 현재 자기 자녀가 어떤 상대와 어울리는가에 따라 자기 자식이 무엇을 원하고 있는지 알게 된다.

물건을 부수는 것을 막지 말라

새로운 창조에는 반드시 분석(分析)이 앞선다. 분석은 어떤 의미로는 파괴의 일종이라고 할 수 있다. 즉 새로운 자동차를 만들어 낼 때, 자동차 회사는 경쟁 상대의 우수한 차를 구입해서 그것을 완전히 하나하나 해체시켜 본다.

어린이가 새로운 장난감을 부수는 것은 창조 본능의 발로이다. 물론 충동적 파괴 본능은 어린이 특성 중 하나이기는 하지만 그 파괴 본능의 내면세계에 숨어 있는 것을 찾아내고 거기서 무엇을 구하는 창조력이 활동하고 있다는 점을 잊어서는 안 된다. 또한 깨끗이 가꾼 정원을 더럽히거나 깨끗한 벽이나 미닫이에 흠집을 내거나 낙서를 하는 따위도 파괴 본능이라고 말할 수 있으나 그 이면에 새로운 순수한 인간으로서 기성 질서에 대한 반역(反逆)의 표현이기도 하다.

인간의 문명이나 역사가 늘 바뀌고 진보해 나가는 것은 인간의 기성 질서에 대한 반역과 파괴 본능을 바탕으로 한 창조성에 의한 것에 지나지 않는다. 부모는 말할 나위도 없이 어린이 이전의 세대의 사람인 동시에 기성 질서 안에서 안식을 누리는 인간밖에 안 된다. 그리고 어린이는 그것을 부수어 부모를 능가함으로써 인간 전체를 진보시켜 나간다.

어린이의 충동 본능을 강력히 억제하는 것은 결국 인간의 자연스런 발육 발전을 억제하는 결과가 된다. 어린이가 물건을 부수고 더럽히는 것을 지나치게 억제하는 일은 인간의 순수한 원형(原型)인 어린이를 어린이답게 키우지 못하는 것이 된다. 새로 사 준 장난감을 부수지도 않고 언제나 깨끗이 간수하는 어린이는 어린이라고는 할 수 없다. 그것은 놀랄 만큼 성장한 아이 어른이라고 하면 어떨까.

옷을 더럽히고 찢기고 오면 자녀들을 꾸짖는 어머니를 가끔 보는데 그런 어머니가 어린이한테 입힌 옷은 자기 허영의 겉치장에 불과하다. 그렇게 좋은 것만 입히는 것은 어린이에게 달갑잖은 겉치레밖에 되지 않는다.

어느 아버지의 말이다.

"어렸을 때 나보다 씩씩한 동생이 어느 날 바지가 해져 구멍이 났을 때 어머니에게 꾸중을 들었다. 동생은 아무리 더럽히고 찢어져도 좋은 바지를 달라고 항의를 했다. 그것을 나는 인상적으로 기억한다. 한창 자라고 있는 6학년인 내 장남도 제 엄마의 손이 가서 이중 삼중으로 덧댄 옷을 불과 하루도 못 가서 구멍을 내고 만다. 나는 그 구멍이나 실밥 속에서 어린이의 새로운 싹이 터 나오는 것을 느낀다. 어린이에게 입히는 옷은 맵시로나 질적으로나 어린이들의 분방한 기능을 조금이라도 억제해서는 안 된다. 어린이는 친구가 입고 있는 진기하고 초라한 옷일지라도 진기하다고는 할망정 어른이 가르쳐 주지 않는 한 그것을 경멸하는 일은 절대 없다.

장난감을 부모가 제공하지 말라

최근에 나오는 어린이 장난감은 고도로 머리를 써서 만들어 냄으로써 부모도 절반은 호기심이나 허영심에서 어린이에게 그것을 사 주고 있다. 장난감이 가지고 있는 복잡한 기능을 생각하면 어린이들의 놀이 본질에 어울리지 않는 것이 많다는 것을 알 수 있다. 어른도 하기 힘든 것에서 놀라지 않을 수 없다.

그러기에 어린이는 얼마 못 가서 그 놀이를 내팽개치고 만다. 아무리 정밀한 장난감이라도 어린이에게 맞지 않으면 의미가 없다. 진짜 전화기와 비슷한 인터폰이라든가 핸드폰 따위보다 재미있게 생긴 막대기 하나가 어린이들에게는 창조력을 자극하고 그 단순한 소재가 복잡한 장난감이 주는 것보다 더 창의력을 발휘할 수 있다는 것을 알아야 한다.

어린이는 어떠한 상황에서도 그 나름대로의 놀이를 생각해 내고 싫증을 내지 않는다. 선진국이나 미개한 나라 벽지 아이들이나 어린이는 장난감이 똑같이 필요하고 그들은 무엇인가 가지고 놀며 자란다.

예전에는 어린이에게 놀이 하라고 무엇을 만들어 준 일이 없었다. 그렇기 때문에 어린이들은 무(無)에서 유(有)를 창조하는 지혜와 솜씨를 발휘했던 것이다.

신기하게도 모든 아이들은 공통적으로 소박하고 보잘것없는 무엇인
가를 가지고 재미있게 놀며 새로운 놀이를 생각해 낸다. 어떤 어른이
그들만큼 섬세하게 머리를 쓸 수 있을까?

하찮은 물건을 가지고 놀면서 아이들은 여러 가지로 그들 자신의 놀이 도구를 생각해 냈다. 이 세상에서 어린이만큼 무에서 유를 창조하는 탁월한 사람은 없을 것이다.

어른이 만들어 주는 장난감이나 어른이 가르쳐주는 놀이는 어린이의 창조력과 자립 능력을 박탈하는 결과가 된다. 비석치기를 하든, 숨바꼭질을 하든, 무슨 장난을 하던 세계 모든 나라 어린이들은 똑같이 그들에게 맞는 대로의 놀이를 만들어 내고 즐긴다.

신기하게도 모든 아이들은 공통적으로 소박하고 보잘것없는 무엇인가를 가지고 재미있게 놀며 사로운 놀이를 생각해 낸다. 어떤 어른이 그들만큼 섬세하게 머리를 쓸 수 있을까? 그 속에는 어른이 가질 수 없는 아슬아슬한 스릴이 있고 기대가 있으며 불안이 있는 것이다.

날이 갈수록 손이 많이 가는 장난감이 만들어 내놓는데 그것이 어린이를 위한 것이기보다는 오히려 어린기보다도 창조력이 부족한 어른을 위하여 만든 것처럼 느껴진다.

어린이들의 놀이에 부모가 단 한 가지 줄 수 있는 물건은 다만 시간과 공간뿐이다.

열중할 때 취침을 강요하지 말라

칸트는 일생 동안 자기가 살고 있던 캐니히스베르크의 주위에서 거의 10마일 이상 더 나가 본 일이 없었다고 하는데, 그만큼 그곳 사람들은 이 대철학자를 친척처럼 잘 알고 있었다. 칸트는 사고(思考)에 열중하게 되면, 서 있던 가게에서 자기도 모르게 어떤 물건을 집어 가지고 가서 서재에 들어서서야 비로소 그것을 발견하고 깜짝 놀랐다고 한다. 어떤 때는 앵무새가 들어 있는 새장을 통째로 갖고 돌아왔다고 하는데, 동네 사람들은 그것을 보고 결코 훔쳤다고 꾸짖지도 않고, 칸트가 지금 어떠한 중요한 사색(思索)을 하고 있다고 생각하고 그대로 두었다고 한다.

이것은 칸트라는 위대한 개성이나 인격에 대한 주변의 배려였지만, 실은 이 칸트에 대한 배려 이상으로 가정에서도 부모는 어린이에게 그와 같이 보호를 해 주지 않으면 안 된다. 어린이가 어떤 일에 정신없이 열중하고 있을 때, 취침 시간이 되었다고 해서 무리하게 어린이를 잠자리에 들게 하는 것은 고려해 볼 필요가 있다. 비록 그것이 매일 밤 계속되어, 자녀가 다음날 등교에 지장을 가져와 지각을 했다 하더라도 자기 자신의 호기심이나 집착을 스스로 조정할 수가 있기 때문이다.

어린이에게 취침은 어른보다도 중요한 생활 속의 필수 조건인 동시에 어린이는 졸음에 대해 어른보다는 저항력이 없다. 그러나 그럼에도 불구하고 어린이가 잠자리에 드는 것을 잊고 열중한다는 것은 싫증이 나기 쉬운 어린이의 폐단 중에서 특이한 일이라 하겠다.(텔레비전은 예외) 비록 그것이 만화일지라도 너무 나무라서는 안 된다. 그때의 어린이들의 눈빛을 살펴 가면서 주의를 주는 정도를 고려해야 할 것이다.

취침에만 한정되는 게 아니라, 부모가 어떤 용건을 말한다던가, 그가 꼭해야 할 일이 있으면서도 다른 일에 열중하고 있을 때, 부모는 그 어린이의 집중된 생각이 방해가 될지 여부를 신중히 고려해야 한다.

어린이는 어떤 의미로는 단거리 주자(走者)와 같은 것으로 그 집중을 하는 대로 내버려 두면 어른에 비하여 짧은 시간 내에 그것을 소화시킬 수 있다. 그것을 일일이 시간적으로 따져 브레이크를 건다면 어린이의 내면적 발육을 저해하는 결과밖에 안 된다.

오늘날은 어떤 일에 정신없이 열중하고 있는 어린이가 줄어드는 감이 있다. 부모가 바라지 않는 일이라 하더라도 어린이가 열중하고 있을 때, 부모는 잘 알 수 없는 어린이의 성격이나 개성을 어린이와 그 대상의 관계 속에서 발견해야 한다.

흥미나 호기심이 없는 어린이는 사물에 열중하지 못한다. 높은 학문은 흥미와 호기심에서 머리에 들어간 것이라야 더 오래 가고 큰 성과를 올릴 수 있다.

어린이 방은 엉망이라도 정돈하지 말라

부모들은 자녀들에게 정돈을 권장하고, 자녀(어린이)는 언제나 그 주의를 어긴다. 그것이 어린이와 부모의 생각 차이이다.

지나치게 잘 정돈된 어린이 방은 매력이 없다. 형편없을 만큼 어지럽혀 놓은 어린이 방에서 어린이의 끝없는 파괴와 건설, 창조적 에너지를 발견할 수 있다.

얼마쯤 지저분한 것은 좋지만 나중에 정돈은 자기가 잘 해야 한다고 타이르는 부모가 있는데 이것 또한 생각해 보면 부모의 허영 내지 부모 나름대로의 생각밖에 안 된다. 지저분한 방과 정돈된 방 중에 어느 쪽이 보기 좋으냐 하는 문제는 부모와 자녀 사이에 보는 관점이 전혀 다른 것이다.

어린이는 자기 방이 아무리 지저분하게 어질러져 있어도 그들에게는 귀한 손님을 맞이할 때는 그들 나름대로의 솜씨로 자기 방을 정돈한다. 어른 같지는 않아도 손님 맞을 공간만큼은 자기의 손으로 치워놓는다.

그리고 성장하게 되면 어질러 놓은 방을 스스로 미처 못 치운 생각을 하며 딴 허영심에 자극되었을 경우는 자녀는 자기 방을 부모 이상으로 열심히 치우고 닦아 놓는다.

예를 들어 애인이 생긴 자녀는 부모가 말하지 않더라도 그 상대가 올 때는 자기 방을 질서 정연하게 치워놓는다.

어린이는 자기가 바라는 대로 자기 방을 관리함으로써 자기의 세계관을 갖는다. 어린이 방이 따로 없을 경우에는 그들의 책상을 그들의 방으로 생각하면 된다. 자기 방, 자기 책상에 대한 주인으로서의 책임감이 부모가 기대하는 정도로 발휘되지는 않는다는 사실을 부모는 알아야 한다.

거실이나 책상이 그 아이에게 가장 좋고 기분 좋은 분위기만 된다면 그것으로 족한 것이고, 그것은 부모의 입장에서 본다면 형편없이 지저분하게 어질러져 있는 방일지도 모른다.

중요한 것은 어린이가 방을 어떻게 치우던 자기가 펼쳐 놓은 장난감의 행방을 다시 놀 때는 부모에게 찾아 달라고 하거나, 없어진 장난감을 부모의 탓으로 하는 습관은 고쳐 주어야 한다. 또한 자기의 방을 어떻게 가꾸던 간에 그 습성을 남의 방에까지 가져가지 못하도록 막아야 한다. 방에서 가지고 나간 장난감으로 자기 이외의 영역을 지저분하게 늘어놓는 것을 못하게 막음으로써 오히려 지저분한 자기 방과 정돈되어 있는 어른의 거실과의 차이점을 발견하고, 어린이는 자기의 임구를 깨닫게 된다.

그러므로 어린이 방에 화재를 낼 위험이 없는 한 내버려두는 것이 바람직하다.

효도를 강요하지 말라

요즘 묘한 세상 풍조로 효도(孝道)를 인간관계의 낡은 사상으로 생각하는 경향이 있어 한심스럽다.

부모와 자식간의 관계는 세상이 바뀌고 시대가 아무리 변해도 본질적으로 변할 수 없는 것이다. 보모는 어디까지나 보호자인 동시에 어린이는 피보호자인 것이다. 보호자로서의 부모가 자식들의 양육 때문에 진력한 봉사나 자기희생에, 자식들이 장성하여 세상 물정을 알게 되었을 때에 자기를 이처럼 키워 준 데 대한 감사를 표하는 것은 자연스러운 이치다.

도덕관이 형식적인 것이 되어 효행을 이상할 정도로 부끄럽게 생각하는 경향이 있다. 효도를 부정하지 않는 대신 어버이날 등 형식적인 날을 제정해 놓고 1년간의 효도를 단 하루에 형식적으로 끝내 버리는 실정이다.

'아버지 날'이나 '어머니날'은 가정에서 부모에 대한 효행(孝行)과는 아무 관계도 없다. 그러한 날을 하루 정했다 하더라도 불효 자식이 마음을 고쳐먹을 리 없기 때문이다.

제3자가 말하는 것은 고사하고 부모 자신이 자녀에 대하여 바라는 효도는 부모에 대한 필요 없는 관심을 쓰지 말고 그것을 초월해서 부모의 기대를 넘어서는 인간으로 스스로 성장해 나가는

> '아버지 날'이나 '어머니날'은 가정어서 부모에 대한 효행(孝行)과는
> 아무 관계도 없다. 그러한 날을 하루 정했다 하더라도 불효 자식이
> 마음을 고쳐먹을 리 없다.

것이다. 그러나 매일 가정생활에서 자식이 부모에게 효도하는 것은 거부할 이유는 없다. 뿐더러 형식적으로 정해 놓고 효도를 다했다고 하는 착각은 분명히 지양되어야 한다. 부모 입장에서 본다면, 자녀를 그처럼 키운 노고는 장난이 아니다. 1년에 한 번 어버이날로 보답될 수는 없다. 어떤 경우에는 부모의 노고를 너희들 어린것이 어찌 알 수 있겠느냐 하는 자세를 가져도 좋다.

형식에 치우친 자식의 효도 따의는 부모의 입장에서는 배척해야 하고, 그런 시간이 있으면 자기 일을 하라고 가르치는 것이 훨씬 좋을 것이다.

성장해서라면 몰라도 초등학교에 들어갈까 말까 한 때부터 효도하는 어린이는 바람직하다는 감탄보다는 고소(苦笑)를 금할 수가 없다. 그 정도의 나이 때는 부모에게 귀찮게 구는 것이 자식이 부모에 대한 최대의 효도이기 때문이다. 아무 걱정도 끼치지 않는 완벽한 자식을 바라는 것은 부모로서 부끄럽게 생각해야 한다.

형제 중에서도 트러블을 일으키며 부모가 애를 태우게 하는 어린이한테서 오히려 개성이 있음을 본다.

효도란 누구나 다 어른이 되면 자연적으로 하는 덕(德)이다. 그것을 일찍부터 기대하는 것은 어린이의 개성을 해칠 염려마저 있다.

미리 색칠한 그림을 주지 말라

한 가정에 두 형제가 있었다. 장남 차남 모두가 그림을 좋아해서 형제가 희망하는 화실에 보냈는데 하루는 아버지가 그들의 작품을 보다 놀랐다. 한 아이는 너무 통속적이고 다른 아이는 아카데믹했다. 그래서 지도 선생님의 작품을 참고로 보게 되었다.

그 지도 선생의 작품이 너무 시시한 그림이어서 그 후에는 화실에 안 보냈다. 대신에 그림 가게에서 알게 된 모던 아트 조각가에게 애들을 맡겼다. 아카데믹과는 전혀 관련이 없는 예술가의 아틀리에에 다니게 된 후부터 아이들 그림이 아주 급성장했다. 분방한 그림이 되고 지금까지 똑같았던 큰애나 작은애의 그림에서 현격한 개성이 나타났다.

그림에 한정시키지 않더라도 어떤 레슨을 받는데 어떠한 규범을 요구해서는 안 된다. 사실주의(寫實主義)나 리얼리즘 위에 그 위치를 굳혔던 근대 예술이 현대에 와서 그 힘을 잃고 있는 점이 우리에게 주는 교훈은 창조력의 자극을 잃어버린 규범은 이미 인간의 규범이 될 수 없다는 사실이다.

레오나르도 다빈치는 소년 시절에 전갈, 지네, 귀뚜라미 등 징그러운 벌레들을 정밀하게 많이 그렸고, 다음에는 그 몸뚱이를 하나하나 따서 크기도 다르게 여러 가지로 갖다 붙여서 놀랄 만한

> 가끔 유년기에 극히 평범한 선화(線畵)로 티두리만 한 것에다 색을 칠하게 하는 쓸데없는 색칠 그림 종이를 주는 부모가 있는데, 그것은 어린이의 색채감(色彩感)까지도 두디게 만들뿐만 아니라 어린이의 개성까지 손상시키는 것이다.

괴물을 그려내어 어른들을 놀라게 했다. 일종의 몽타주인 것으로 비록 그 기초가 되는 것이 사실(寫實)이라 하더라도 그것을 몽타주하는 데 규범을 벗어난 어린이의 창조력이 있다.

어떤 영화나 연극을 보고 어른은 그 작품의 줄거리대로 감상하는데 비해 어린이는 도중에서 묘하게 끊는다 하더라도 어린이 나름대로의 독특한 감정을 느끼는 것이다.

가끔 유년기에 극히 평범한 선화(線畵)로 테두리만 한 것에다 색을 칠하게 하는 쓸데없는 색칠 그림 종이를 주는 부모가 있는데, 그것은 어린이의 색채감(色彩感)까지도 무디게 만들뿐만 아니라 어린이의 개성까지 손상시키는 것이다.

재주 없는 솜씨라도 격려해 줘라

어린이는 어른 이상으로 냉정하게 자기와 남을 비교하게 된다. 특히 집단생활 속에서는 유치원이건 초등학교건 나이가 들면 들수록 남과 자기 비교를 냉정하고 공평하게 한다.

그 결과 어린이는 학업 성적 차이뿐만 아니라 어떤 일에 대한 솜씨를 가장 민감하게 깨닫는다.

어린이가 남과 비교해서 자기의 무재주를 인정하고 그것을 자기의 약점으로 생각한다면 부모는 그 무재주를 격려해 주어야 한다. 손재주가 없는 것을 그대로 두어도 좋다는 게 아니다. 부모도 함께 그 무재주를 극복해 나가도록 노력하면서 차츰 나아지는 방향으로 노력하는 과정에서 마스터하는 이상의 것을 얻도록 북돋아 주어야 한다.

세상에는 솜씨(재주) 없는 사람이 많다. 솜씨 있는 사람은 그 솜씨를 재화로 만들지만 결국은 자기 천성의 조그마한 우월성을 과대평가해서 인생을 망치는 수가 있다. 무재주는 재주에 비해 확실히 뒤지지만 부족한 것이 우위(優位)라고 역설하는 것은 아니다.

무재주를 넘어 약간씩 그 간격을 메우므로 어린이 마음속의 간격을 채워 주는 동시에 훨씬 큰 것을 구축하고 새로운 자신과 자부심을 갖도록 해어야 한다.

인간의 솜씨는 숙명적인 천성으로 골프의 아베레이지 플레이어는 아무리 열심히 해도 재주 있는 플레이어를 본질적으로 앞지를 수가 없다. 하지만 재주 없는 것을 인생의 핸디캡으로 생각하고 재주 있는 사람을 앞지르기 위해 반복하여 연습에 연습을 거듭하면 상대를 따라잡을 수 있다. 그렇게 함으로써 둔재(鈍才)가 재주꾼과의 경쟁에서 훨씬 앞지를 수 있게 된다.

한 아버지가 이런 말을 했다.

"나는 어렸을 때 몸이 약했다. 그래서 중학교에 입학하면서부터 아버지의 권유로 축구를 시작했다. 내가 그다지 무능한 선수로는 생각지 않았지만 축구처럼 재능을 요구하는 구기는 없다는 것을 알았다. 이쪽이 아무리 연습을 해도 우리 연습량의 3분의 1도 안 한 상대가 실전에서는 우리를 이기는 것을 체험했다. 나는 축구를 시작하면서 바로 그것을 인정했지만 그러도 축구를 포기하지 않았다. 운동의 맛은 스포츠 자체에 있을 뿐더러 그렇게 노력해서도 안 되는 상대를 더욱 끈질기게 앞서려고 노력하는 것에 있으며 어떤 의미로는 자학적(自虐的)인 재미도 있다고 생각했다. 그러나 실은 자학이 아니라 축구 이외의 방면에서는 상대보다 아주 확연히 자신을 강하게 해 주는 신념을 갖게 되었다."

재주로 못 따르는 상대를 노력으로 앞지를 수 있다는 신념이 생김으로써 인생 전체에서 어떤 상대든지 앞지를 수 있는 능력을 발휘할 원동력을 얻게 되는 것이다.

　　재주 없는 것을 인생의 핸디캡으로 생각하고 재주 있는 사람을 앞지르기 위해 반복하여 연습에 연습을 거듭하면 상대를 따라잡을 수 있다. 그렇게 함으로써 둔재(鈍才)가 재주꾼과의 경쟁에서 훨씬 앞지를 수 있게 된다.

CHAPTER 5
평범한 인간으로 만들지 말라

전쟁은 나쁜 것이라고만 가르치지 말라

전쟁을 죄악이라고만 생각할 수는 없다. 전쟁을 죄악시하고 평화를 미덕으로 삼는 가치관은 2차 대전 후에 급속도로 여론화되었을 뿐 불과 수십 년 전에는 독일의 역사학자인 트라이츄케이라든가 칸트와 같은 철학자는 민족 전쟁을 최고의 미덕이라고 주장했고, 또한 같은 철학이나 역사학이 아직도 인간의 마음의 숭고한 재산으로 남아 있는 것이다.

우리가 평화를 바라는 것은 그것이 인간에게 전쟁에 비해 보다 큰 이익이란 점밖에 없다. 하지만 전쟁은 경우에 따라 인간에게 큰 이익을 가져다 줄 수도 있다. 또한 이익만이 아니고 국가와 민족이란 하나의 인격을 가진 공동체가 그 존엄성을 과시하기 위해, 소련의 부당한 침입에 대해 헝가리가 자멸(自滅)을 알면서도 싸웠다.

전쟁의 본질이 무엇인지 평화의 본질이 무엇인지 알지 못하는 어린이를 보고 덮어놓고 전쟁은 죄악이라고 가르치고, 평화를 미덕으로 가르치는 것은 한심한 일이다.

예를 들면 학교 성적의 경쟁이나 체육의 경쟁도 역시 어린이들의 입장에서 보면 하나의 전쟁인 것이다. 그러한 경쟁심이 있고 적의(敵意)를 느낌으로써 어린이는 물론 걸치장도 따르겠지만,

자기의 자존심을 지키기 위하여 그들 나름대로 노력함으로써 지혜로나 체력 면에서 향상되는 것이다. 그렇게 자라는 어린이에게 부모가 관념적으로 평화를 가르쳐 봐야 별 송용이 없는 것이다.

개인적 폭력에서 언급했듯 부당하게 자기에게 침을 뱉고 지나가는 상대에게 폭력으로 보복할 수밖에 없는 것처럼, 나라와 나라와의 관계도 그러한 사건들이 허다한 것이다.

오늘날 볼 수 있는 초강대국들의 횡포 따위는 장차 탈을 바꾸어 우리에게 횡포를 부리지 않는다고 누가 장담할 수 있을까? 이러한 점으로 미루어 보아도 어린이에게 전쟁의 본질을 가르치지 않을 수 없다. 전쟁의 의미를 가르침으로써 나라와 사회와 민족에 대한 정당한 방위관(防衛觀)을 기르는 게 당연하지 않을까?

전쟁을 통해 개인의 존엄성이나 민족의 존엄성이 얼마나 중요한 가를 알게 된다. 그러므로 전쟁에는 정당성 있는 것과 없는 것이 있다는 사실을 가르칠 필요가 있다.

제2차 세계대전을 체험한 나라 일본이나 독일인 중에는 전쟁이라면 어떠한 전쟁이라도 반대하고 비록 민족적, 국가적인 굴욕을 당한다 해도 전쟁은 싫다고 하는 사람이 있다면 그러한 사고방식은 결국은 국가와 사회나 민족을 약하게 만드는 동시에 인간 개인까지도 위축시키는 행위가 된다고 보아야 할 것이다.

자기가 가장 경멸하는 사람 이야기를 하라

인간의 감정 중에서 경멸은 가장 직감적으로 판단되는 강한 감정이다. 존경이나 호감을 플러스의 감정이라고 한다면 혐오(嫌惡)와 경멸은 마이너스의 감정이라 할 수 있다.

사람은 남의 감정 중에서 마이너스의 감정을 가장 민감하게 받아들이기가 쉽다. 결국 누가 누구를 존경하고 있는 일보다도 경멸하고 있는 편이 제3자에게 전해지기 쉽다. 호감이나 혐오는 대개 본인의 개성이나 심정에 의한 것이지만, 존경이나 경멸은 그 인간의 명확한 인생관이나 가치관에 기초를 두고 있다.

상대가 비록 어떠한 지위에 있는 사람이거나 학식이 있는 사람이라 하더라도 그 사람 편에서 본다면 아무리 해도 경멸하지 않을 수 없는 사람이 있다. 부모가 누군가에 대해서 그러한 감정을 가짐으로써 자식들도 또한 가장 강렬하게 느낀다. 누가 좋아서 누구를 존경하느니보다는 누군가에 대한 경멸을 어린이에게 나타냄으로써 부모는 자기 자신의 인생관이나 가치관을 자녀에게 직접 전달할 수가 있다.

일본의 고이스미(小泉信三)는 뒷공론에 대해서 말하기를 '험담은 듣지 말라고 하는 것은 무리한 주문일지 모르지만 그 듣는 방법이 중요하다.' '그같이 나쁜 놈은 없다. 나는 그를 가장 싫어한다'와 같이 분명한 말은 머리에 남지만, '나로서는 그렇게 생각지 않으나 남들은 그렇게 말한다'와 같은 험담은 애매모호하므로 들으나마나 하다고 말했다. 만약 부모에게서 감화를 받아 남의 험담을 않게 된다면 그것은 평생의 미덕으로 삼아야 할 것이다.

이러한 사소한 일만 보더라도 험담을 하는데도 부모는 자기의 경멸의 대상을 분명히 해서 어린이들에게 인생의 나갈 길을 가르칠 필요가 있다. 비록 상대가 자기에게 강한 영향력이 있고, 자기가 그의 비호를 어떠한 형태로든지 받고 있는 경우에도 인간은 상대를 경멸하는 심리적 여유를 가질 수가 있다.

그러할 경우 어떠한 부담감이 있어도 그런 사람을 경멸함으로써 그 상대를 능가할 수가 있다.

인간이 어떠한 상황에 놓이더라도 경멸만이 자기를 지키는 가장 강한 감정이란 점을 자녀에게 가르치는 것은 어린이에게 인생의 교본(敎本)을 주는 것과 같다. 여기까지는 가지 않더라도 일상생활 중에서 부모가 남이 무어라 하더라도 자기가 어느 시점에서 그 사람을 경멸하지 않을 수 없다는 평가를 어린이 앞에서 할 경우, 자녀들이 인생을 살아가는 데 잘못 가는 일이 없도록 솔직하게 털어놓음으로써 그들 삶의 태도를 분명하게 가르쳐야 한다.

만약 우리 아이가 어느 친구를 몹시 경멸하고 있을 경우, 그것이 자기 약점을 숨기기 위한 방패로 삼았다면 꾸짖어야 하겠지만 그렇지 않을 경우는 웃으면서 그의 주장에 귀를 기울여 주는 것이 마땅하다.

위인은 어딘가 다르다는 것을 가르쳐라

이러한 비유가 있다. 베토벤과 괴테가 팔짱을 끼고 걷고 있는데 국왕(國王)이 다가오고 있었다. 괴테는 길을 비켜 주었지만 베토벤은 모자를 푹 내려쓰고 지나치자, 국왕은 훈장을 줄 수는 있어도 천재를 만들어 낼 수는 없음을 깨달았다.

이 경우 괴테가 맡은 역할은 그 자신의 본의는 아니겠지만 위인이란 어느 정도의 천재이며 타의 추종을 용납지 않는 강한 개성을 지닌 일종의 자아광(自我狂)이란 사실을 이 비유는 말하는 것이리라.

성공자 역시 뛰어난 개성이 없었더라면 성공할 수 없었을 것이며, 위인이라고 모두 강한 개성과 그 개성에 대한 자부심을 가지고 있다고 말할 수는 없다.

어느 큰 회사에서 새파란 나이에 남달리 뛰어나게 출세한 사람이 있었다. 그를 비웃는 동료들의 말에 따르면 그 사람의 출세 비결은 무슨 말을 듣든지 "그렇습니다. 사장님 말씀이 옳습니다"라고 맞장구를 치기 때문이라고 했다. 그것은 몰개성(沒個性)이라고 한다면 거기까지 철저하게 자기를 몰개성으로 만든 그 자체가 하나의 개성이라고 말할 수 있지 않겠는가.

길을 피해 준 괴테는 아니지만, 자기를 양보함으로써 왕왕 성공할 수 있으며, 길을 양보하지 않고 자기의 개성을 믿고 살아가는 사람은 사회에서 소외자가 되고 만다.

위인은 자아(自我)를 관철시키고, 비록 사회에서 소외시된다 하더라도 고고(孤高)한 인생을 보내며 그 사람밖에 할 수 없는 일을 자기만족으로 삼아 행한 사람이라면 성공자는 보통 이상의 개성이 있으면서도 타협할 때는 타협을 하고 자아를 억눌러서 사회적인 성공을 획득한 사람이라 하겠다.

바라건대 자아나 개성을 꺾는 일없이 사회적으로 커다란 사업을 할 수 있다면 더 바랄 것이 없지만 그러한 다복한 위인과 성공자를 겸한 인간은 얼마 없다. 결국 우리는 자기의 개성과 자아에 충실하게 사느냐 아니면 타협하느냐, 좋게 말하자면 남과 협조해서 자기의 개성을 할애(割愛)하면서 일을 진행해 나가느냐의 아니냐의 양자택일을 해야 하는 것이다.

앙드레 지드의 《땅의 양식》 중에 인간의 정열에 관해서 기술한 문장 속에 아름다운 한 구절이 있다. '나타나엘이여, 그대의 열정을 가르쳐다오. 내가 죽을 때는 아주 만족하거나 아주 절망하여 죽고 싶다'고 했다. 그것은 자기의 자아를 관철시키는 것으로써 위인과 성공자처럼 일생을 보내든지, 그렇지 않으면 성공할 것 없이 사회적인 인간으로서 절망해서 죽든지 어느 편이든 그것은 결국 인간적이란 것이다.

요즘 아이들에게 "장래의 희망이 무엇이냐?"고 물으면, "평범한 샐러리맨"이라고 서슴지 않고 대답한다. 이러한 평범을 미덕으로 가르치는 교육은 인간적으로 큰 잘못이다.

승용차는 자랑이 아닌 사용물임을 가르쳐라

차(車)뿐만 아니라, 갖고 있는 재산으로 개인의 신분을 재는 것처럼 어리석은 짓은 없다. 물질로 사람을 평가하는 것은 인간의 본능적인 페티시즘으로 이것은 가장 야만적이고 미개한 본능 중의 하나이다.

이상하게도 현대 생활 속에서 이러한 페티시즘이 범람하고 있다. 승용차가 그 중 하나인데 지금도 사회에서는 자가용을 가지고 있는 게 신분의 상징인 동시에 걸치장의 장식품인 양 이상한 현상을 볼 수 있다.

물건은 소유하는 데 의미가 있는 것이 아니고 어디까지나 사용이 목적이므로 필요 없는 것을 멋으로 갖는 것은 유치한 짓이다. 자가용차든 보석이든 소유주가 그것을 신분의 상징만으로 가지고 있다면 길에 굴러다니는 휴지나 아무 다를 바가 없는 것이다.

만약 다이아몬드가 여기저기 길바닥에 널려 있다면 그것은 가치가 없는 물건이 되고 말 것이다. 희소성(稀少性)이 필요성보다 가치 평가되는 세상이라면 미개한 사회란 증거이다. 데포의 《로빈슨 표류기》를 보면 무인도에서는 무엇이든지 꼭 필요한 양만큼밖에는 가치가 없게 표현된다. 다 먹을 수 없는 정도의 고기는 야수에게 주는 수밖에 도리가 없었다고 했다.

데포는 자기들 주변에 있는 어떠한 멋진 것이라도 그것을 뜻있게 사용하지 않는다면 가치가 없다는 것을 말하려고 했을 것이다. 위험을 무릅쓰고 유리창에 레이스 커튼을 단다든가, '냉방완비차(冷房完備車)'란 라벨을 붙인다던가, 또 새로 나온 차 시트에 일부러 커버를 씌우는 등 승용차를 소유하는 진정한 의미를 아직도 이해하지 못하는 사람이 많은 것 같다.

미개한 토인이 자기 몸에 너절한 장식을 한 것처럼 자기의 재산 목록을 남에게 드러내 보이려는 것이나 다를 바 없는 것이다.

차의 범퍼를 하나의 액세서리인 것처럼 크롬판이 반짝거리도록 닦는 동양인에 비해 유럽 사람들은 무관심하다. 범퍼는 좁은 주차장에 주차할 때 빈차를 밀어 주거나 사고를 막기 위한 프로텍터에 불과한 것이다.

주차할 때 범퍼가 조금만 스쳐도 화를 내며 눈을 부릅뜨는데 이웃기는 꼴은 우리나라에서나 볼 수 있는 현상이다. 자동차에 한정하지 않더라도 모든 소유하는 물건은 우선 그것을 적극적으로 쓰고 실속 있게 소비함으로써 비로소 의미가 있다는 점을 아이들에게 가르쳐야 한다.

분수에 어울리지 않게 부모는 부모대로 지식은 자식대로 힘에 부친 차를 각각 소유한 가정도 웃기는 꼴이지만 그것을 자랑으로 삼는 꼴은 더 우습다. 고도로 발달한 나라 사람들이 그것을 안다면 얼마나 비웃을 것인가. 모든 돛자는 적절히 사용할 때 가치가 있는 것을 아이들에게 가르쳐야 한다.

어른께 인사를 강요하지 말라

부모는 손님 앞에 자녀들이 나타나면, 가끔 "안녕하십니까?" 등의 인사를 드리라고 강요한다. 자녀들도 시키는 대로 억지로 "안녕하세요?"라고 인사한다.

어린이들에게 그렇게 인사시키는 것을 생각해 보면 그러한 강요는 부모가 자녀의 인격을 억압하는 것이 아닌가 생각된다.

아이들이 모르는 사람 앞에서 버티고 서서 무례하게 쳐다보는 것을 나쁘게 보아서는 안 된다. 그것은 어린이의 호기심이 노골적인 본능을 보여주는 것이라고 이해할 필요가 있다.

저 사람은 어떤 사람일까? 좋은 사람일까? 나쁜 사람일까? 환영해야 할 사람일까? 부모님께서 좋아하는 사람일까. 인사를 해야 할 사람인지 아닌지를 판단하는 것이다.

어른들도 역시 누군가 초면에는 아이들처럼 무례한 시선을 보내고 싶지만 예의상 그렇게 못하고 있다.

인사는 예의의 한 형태일 뿐이며 예의는 세상의 약속에 지나지 않는다. 내용도 모르는데 세상 관습을 불쑥 들고 나와 아이들에게 가르치는 것은 무리가 아닌가 싶다. 무리한 강요보다 어린이의 호기심을 충분히 받아들여 인사 이전에 부모의 손님을 충분히 관찰시키는 편이 낫다. 인사를 하고 나면 자녀들은 어른 대 어린이의, 어떤 의미에서는 비굴한 심리관계를 상대에게서 갖게 만든다. 어린이는 대개 여러 형태로 어른은 당할 수 없다는 열등감을 가지고 있는데 알지 못하는 상대에게 인사를 하도록 강요하여 그 열등감을 조장할 필요가 어디 있겠는가?

초등학교 선생님이 어린이들에게 운동을 시킨 후 옷을 입게 하거나 손을 씻으라고 하면 "선생님, 됐어요?"하고 묻는 아이가 있다고 한다. 어린이가 이만하면 좋으냐고 묻는 것은 하나의 매너가 자기 자신의 것이 아니고 단순한 겉치장으로 남을 위한 것처럼 생각하는 증거라고 전문가들은 말한다. 그런 습관은 결국 가정에서 부모들이 길들여 놓은 것이다.

행실이 착한 아이나 인사성이 밝은 아이는 결코 그 어린이가 질적으로 높은 것도 아니고 이상한 것도 아니다. 형식만 갖춘 억지 인사 예절이 어린이들의 인생에 재산이 될지 어떨지는 아무도 모른다.

유치원에서부터 가정과 학교에서는 손윗사람에게 인사를 하는 것이 예절이라고 배운 탓으로, 중학교나 고등학교에 가서도 상대가 어떠한 인물이든 간에 선생님이라고 이름 붙은 사람 앞에서는 머리를 숙이는 습관이 붙어 있다. 그러나 자신을 알게 되는 나이 때가 되면 그렇게 한 자신이 불쾌해서 마침내 인사라는 것 자체에 반항적이 되어 대학 시절에는 존경이 가지 않는 다른 선생님께도 인사를 하지 않게 된다.

부모가 강제로 시키는 인사는 결국 어느 시점에서 반발을 유발시킨다.

어른 대화에 어린이가 참견 못하게 하라

문필가나 정치가가 찾는 고급 요정이나 술집에는 가기 싫어하는 사람이 있다. 그 이유는 두 가지가 있는데 첫째는 값이 터무니없이 비싼 것과 거기서 일하는 호스티스가 남자들 대화 속에 함부로 끼어들어 쓸데없는 맞장구를 치는 꼴이 보기 싫어서란다.

술을 마시는 목적은 마음이 맞는 친구들과 자유로운 대화를 즐기기 위한 것인데 번잡한 술집에서는 그렇게 할 수가 없다.

남자들이 그래도 그러한 패거리를 상대로 희희낙락 술을 마시며 알 수 없는 맞장구나 치고 대화를 즐기는 이유는 아마도 가정에서 어른들 대화에 어린이를 참여시켰기 때문일 것이다. 그런 것이 당연한 것으로 여기는 습관에서 나온 게 아닌가 생각된다.

내 자식이건 남의 자식이건 어른들 대화에 아이들이 끼어드는 것은 막아야 한다. 그것은 능력과 자질 문제로 어른과 아이가 야구 시합을 할 수 없는 것과 같은 이치다.

어른들이 세심한 신경을 쓰지만 그래도 어린이가 방문객이 있는 응접실에 얼굴을 내미는 일이 있다. 손님은 의례적으로 어린애를 보면서 귀엽게 생겼다는 둥 수다를 떨다 보면 어른들의 대화는 중단되게 마련이다. 손님이 어린애에게 아무리 칭찬을 늘어놓는다 해도 이야기가 중단된 부모에게는 기분 좋을 리 없는 것이다.

내객(來客)과의 대화를 위하여 자기 자녀들에게 미리 이렇게 물으면
이렇게 대답하라고 대답까지 가르쳐 주는 경우도 있다지만 그것은
자녀들의 인성 교육에 큰 실책이 되는 것이다.

어떤 보모는 예견되는 내객(來客)과의 대화를 위하여 자기 자녀
들에게 미리 이렇게 물으면 이렇게 대답하라고 대답까지 가르쳐
주는 경우도 있다지만 그것은 자녀들의 인성 교육에 큰 실책이 되
는 것이다.

이러한 대화는 어린이들에게 발판 없이 발돋움을 시키는 격이
되므로 해로울 뿐이다. 어른들은 어린이가 말참견을 했을 때 어른
들의 우월감에서 어린이를 칭찬하지 않을 수 없다. 그것은 특히
동양 사람들의 습관인데 그렇게 하기 때문에 어린이들의 버릇을
손님과 함께 나쁘게 만드는 결과를 낳는다.

인사치레로 남의 자녀를 칭찬하지 말라

부모들은 대개 자기에 대해서보다도 자기 자녀들에 대해 칭찬해 주는 것을 끔찍이 좋아한다. 길에 자녀들을 데리고 나온 어머니가 서로 만나는 경우를 보면 알 수 있다. 상대편이 데리고 온 어린이에게 아양을 떨다시피 인사를 하면서 어른들의 인사마저 않는 경우가 있다. 자기 아이는 잊은 듯 상대편 자녀를 칭찬하는 어머니가 많다.

자녀 교육을 위해 중요한 것은 근거 있는 금지(禁止)와 칭찬이다. 인사 대신 상대편의 자녀를 칭찬하는 것은 자녀 교육에 필요한 칭찬의 가치가 그 의미를 잃고 만다. 어린이는 인사 대신에 칭찬을 받음으로써 결국 어른을 위한 어린이가 되고 그와 반대로 어른에 대한 열등감을 더 깊게 만든다.

어린이는 보배라는 말이 있다. 그러나 어린이는 무조건 부모의 액세서리도 아니고 보석도 아니다. 그저 칭찬하지 않고는 개운치 않아 칭찬이 인간관계의 요소처럼 생각하는 것인 동양적인 특징인지도 모른다. 상대편 자녀가 키가 조금 크다고 칭찬을 하고, 양복이 잘 어울린다고 해서 칭찬하는 것 같은 허례(虛禮)는 없다.

어린이의 입장에서 본다면 키가 크다든지 팔이 길다든가 하는 것으로 칭찬 받는 따위는 달가운 것이 아니다. 그리고 어린이가 그와 같은 칭찬으로 정말 우월감을 갖는다면 어린이에게 있어서도 해로운 일이다. 어린이는 상대편이 필요 없는 애교로써 자기를 칭찬하는 줄 알고 있지만 그것이 습관이 되어 버리면 그 자신을 위해서도 좋지 않은 것이다. 한 학자가 이런 고백을 했다.

"내가 세상 사람들의 아부와 비굴과 거짓을 알게 된 것은 아버지 부하들이 집에 찾아오거나 아버지의 사무실을 찾아간 나에게 인사치레로 하는 말을 성숙한 뒤에 알 수 있었다. 그때부터 나는 이유 없이 칭찬하는 상대에게 우정이나 호감을 갖지 않고 도리어 경멸하게 되었다."

이 말로 비추어 볼 때 어린이는 어른보다 민감하고 감정적 판단이 우월하다는 것을 알 수 있다.

어린이를 칭찬할 때 어린이가 무엇인가 한 가지 행동을 하고 그 행동에 그의 판단이 바르고 그 나름의 개선의 표시가 있다면 그때에 하여야 해 주어야 한다. 어린이가 어린이로서 당연한 일을 했을 때 칭찬하는 것은 무의미한 것이다.

후쿠사와(福澤諭吉) 자서전에 쓸데없는 찬사는 배제해야 한다면서 '마부가 마차를 끌고, 두부장수가 두부를 만들고, 학생이 책을 읽는 것은 사람이 할 당연한 일을 하고 있는 것이다. 그러한 것을 칭찬한다면 이웃집 두부장수부터 칭찬하야 하지 않겠는가'라고 꼬집었다.

백해무익한 칭찬 습관은 고쳐야 한다. 그로 인해 어른들의 관계가 손상된다면 그 관계는 원래부터 순수하지 못했다는 증거가 된다.

남이 볼 때만 몸치장을 하지 말라

어린이는 아름다운 여성으로서의 어머니의 이미지를 대단히 중요시한다. 학부모가 참관하는 공개 수업 때, 말쑥하게 차려 입고 나온 어머니를 어린이는 부모인 동시에 하나의 여성으로 받아들여 여러 가지 심리상태를 보여준다.

초등학교에 참관하러 나온 어머니가 젊고 아름답게 보여서 나이 든 어머니를 가진 학우들로부터 "너의 누님이냐?" 하는 말을 듣는 아이가 있다. 그 말을 들은 어린이는 대단히 기뻐하며 집에 와서 어머니에게 그 말을 했을 때 어머니 얼굴에 어떤 미소가 떠올랐는지를 생생히 기억하는 것이다.

그것은 여성으로서의 어머니의 심리를 어린 마음이 엿본 때문이다. 어린이 입장에서 사람 앞에서 보는 자기 어머니가 아름다우면 더 말할 나위 없지만 평소의 어머니와 동떨어져 있으면 문제가 된다. 그러한 차이가 지나치면 어린이는 바깥 세상에 대한 부모의 허영을 느끼게 되고 나들이의 허영심을 알게 된다.

대체로 우리나라 사람은 어머니의 몸치장에서뿐만 아니라 다른 것에서도 외출용과 평소 모습의 차가 너무 심하다. 가끔 선물로 온 물건을 손님용으로 남겨 두는 가정이 있다. 그것을 본 어린이는 부모님의 하는 일에 불만을 품는 동시에 허영심이 보이는 겉치레를 인식을 갖게 된다. 동시에 어린이는 그러한 부모의 허영심을 간파하는 것이다.

부모를 자식이 존경하는 것은 부모의 고귀한 성품이 평가되는 데서 오고 천박하고 용렬한 허영심을 보고 자란 자식에게서는 부모를 무시하고 경멸하는 태도가 나타난다.

여성이 허영심이란 속성을 가지고 있다는 것은 동서양이 따로 없는 세계적 공통 개념이다.

어린이의 예능 지도를 할 때 즉 피아노 같은 것만 보더라도 손님이 왔을 때 다르고 안 왔을 때 다르다. 방금 꾸중을 하며 볼기를 때리고도 손님이 오면 태도가 싹 바뀌어 자식 자랑을 늘어놓는다. 그럴 경우 어린이는 엄마를 어떻게 생각할까? 자기 엄마가 얼마나 천박한가를 느끼지 않을 수 없을 것이다.

한 초등학생이 담임선생님께서 가정방문을 하신다고 하자 어머니는 평소와 달리 아들 책상과 방을 깔끔하게 정돈했다. 가정방문을 한 선생님이 아이 책상이 말끔히 정돈되어 있는 것을 보고 "너무 지나치게 깨끗하구나! 늘 이러지는 않겠지?"라고 말했다. 아이는 선생님이 모든 사실을 알아차리는 걸 보고 어머니의 생각이 얼마나 얕은가를 느꼈다고 했다.

손님 접대용, 집안용을 구분하여 그 차이를 앎으로서 어린이가 세상을 많이 알게 될지는 모르지만 그 차이가 너무 심할 때 어린이는 무엇보다도 부모에게서 허식을 먼저 배우게 된다는 것을 경계해야 한다.

부모는 자녀와 같은 옷을 입지 말라

가끔 거리에서 같은 양복을 입고 있는 아버지와 아들을 볼 수 있는데 그것을 보면 비웃는 것이 아니라 '열성 유전(劣性遺傳)'이란 단어를 생각하게 한다. 가끔 기르는 개에게 자기의 양복과 같은 천으로 만든 것을 입히고 산책하는 여성도 보는데 그것보다도 더 나쁘다. 입고 있는 어린이가 그러한 어리석은 부모에게서 태어났다고 생각할 때 연민의 정을 금할 수 없다.

그 어리석은 습관은 천 조각을 이용하는 절약을 강조한 패션 잡지가 퍼뜨린 것이라고 한다. 갖추어진 천을 사서 만들거나, 어머니가 자기의 양복을 만들다 남은 조각으로 어린이의 양복을 만든다고 하는데, 그렇다면 어린이는 찌꺼기나 잉여인간밖에 안 된다는 말이 아닌가.

누구나 아끼고 사랑하는 어린이들인데 부모로부터 어린이에 이르기까지 같은 양복을 입히고 있는 부류가 있다는 데는 놀라지 않을 수 없다.

한 집안이나 한 씨족이라 하는 가문의 특징이 결코 유니폼으로 표시되는 것은 아니다. 더욱이 입히고 있는 사람도 그러한 심각한 의미를 가지려 한 노릇은 아니겠지만, 어떻든 부모와 자식이 똑같은 옷을 입는 것을 보면, 부모가 자기의 취향 때문에 어린이를 억압하고 있다는 느낌이 들어 어린이가 마치 부모의 애완용이라는 느낌을 면치 못한다. 이런 범위에서 어린이는 부모의 소유물처럼 된다. 이것이 본의는 아니라 하더라도 그러한 습관이 계속되면 계속될수록 어린이는 잠재적으로 부모에 대한 저항심이 커질 것이다. 그것이 그 가정에 전해 내려오는 특수 복장이라면 별문제가 아니겠지만 그렇지 않으면 조심하는 편이 좋다.

어떤 멋쟁이 아버지가 거추장스러운 양복을 만들어 아들에게 입혔다. 그 아들은 아버지의 영향을 받아 그 금단추를 단 블레이저가 사치스러운 양복이란 것을 알았다. 그리고 대학에 들어간 다음에도 아버지가 골프를 치러 다닐 때 입고 다니던 푸른색 멜턴 양복의 금단추가 달린 블레이저 코트를 입고 다녔는데, 그 당시는 블레이저가 유행되기 전이었으므로 같은 과 학생들이 푸른 양복은 좋지만 금단추는 애송이 티가 난다고 놀려댔다.

그 아들은 "이 촌놈들아, 블레이저 코트에 금단추가 없으면 어떻게 블레이저냐?"라고 아버지가 갈씀한 대로 그들에게 반복하여 대들었다고 한다. 그리고 자라서 생각하니 그런 옷을 만들어 입힌 아버지의 취미처럼 생각되어 대국적 입장에서 인정할 수는 있지만 자식에게 올바른 평가를 받기는 어려은 것이라는 것을 알았다고 했다. 부모의 취미를 의식적이든 무의식적이든 자식에게 강요해서는 안 된다.

제복을 학교 밖에서는 입히지 말라

나폴레옹은 '인간은 그 제복 그대로의 사람이 된다'고 했다. 유니폼의 규제력은 매우 강하다. 좋은 예로는 벌거벗으면 특별히 잘난 미인도 아닌 여자가 스튜어디스의 제복을 입으면 꽤 예뻐 보인다.

모든 제복은 인간을 획일적인 사람으로 만든다. 그 증거로 군인이 제복을 벗고 있을 때는 제각기 개성이 있어 보이고 인간성을 찾아볼 수 있는데 제복을 입고 나면 길에 지나가도 잘 구별이 안된다.

최근에 개성을 잃은 취미 없는 젊은 사람들 중에는 히피의 흉내인지도 모르는 제복을 한 패거리가 되어 입는 것을 좋아하는 부류들이 있는 것 같다. 제복의 맛은 단 한 사람, 그 제복을 맞추어 여러 사람에게 입히는 사람만이 맛보는 만족에 있는 것이다. 그러므로 독재자는 제복을 좋아한다.

대개의 부모들은 자녀가 유명한 학교에 들어가서 지정된 교복을 입히는 것으로 보람을 찾는데, 그 학교 입학의 난관을 돌파한 의의를 그 제복을 입히는 것으로 환원해 버리고 마는 것은 자녀들을 위해서도 대단히 좋지 못하다. 그런 것은 단순한 부속물에 지나지 않는 것으로 제복을 학교의 권위로 삼아 입힌다고 생각하는

> 학교에서 정한 제복은 집단 교육장인 학교에서 입히는 것은 그 나름
> 대로의 의미가 있지만 제복을 집에 와서나 학교 이외의 외출에서까
> 지 입히는 것은 좋지 않다.

태도는 말할 것 없이 속물주의 근성일 뿐, 그런 부모의 나쁜 습관을 어린이들이 물려받을 위험이 다른다.

어느 대학생을 둔 아버지가 이렇게 말했다.

"나의 차남은 대학에 다니는데 동급생들이 '게이오 거지'라고 할 정도로 옷을 험하게 입고 아침에 잘 입고 나간 뒤 돌아올 때는 땀과 흙투성이가 되어 형편없이 하고 돌아온다. 그래도 나는 그에게서 개성을 찾아내려 노력하고 그러한 아이가 좋다고 느낀다. 나 자신이 제복이 싫어서 대학 시절에는 학교 배지도 달고 다니지 않았다. 내가 제복을 입은 것은 졸업식 때뿐이었는데 그때는 앞으로는 입을 기회가 없을 것 같아서 옷장에서 꺼내 입었다."

학교에서 정한 제복은 집단 교육장인 학교에서 입히는 것은 그 나름대로의 의미가 있지만 제복을 집에 와서나 학교 이외의 외출에서까지 입히는 것은 좋지 않다.

교육에는 집단 교육과 개인 교육이 있다. 개인 교육은 학교에서 행하는 이외의 교육을 모두 가르쳐야 한다. 그렇기 때문에 교육적 본질의 차이를 어린이에게 인식시키기 위해서라도 학교 제복을 학교 밖에서는 입히지 말아야 한다.

　　부모를 자식이 존경하는 것은 부모의 고귀한 성품이 평가되는 데서 오고 천박하고 용렬한 허영심을 보고 자란 자식에게서는 부모를 무시하고 경멸하는 태도가 나타난다.

CHAPTER 6

예절禮節에 대하여

인간 사회에는 법도가 있음을 가르쳐라

어느 부모나 자식들에게 몸가짐을 가르치고 나름대로의 예절을 가르친다. 하지만 세상일이란 예절을 지키는 것만으로 다 되는 것은 아니다. 세상에는 보다 더 엄격한 하나의 벽(壁)이 있다는 점을 어린이에게 될 수 있는 대로 빨리 가르쳐야 한다. 그것이 법도(法道)이다.

그 법도에 따르지 않고 살려고 한다면 이 세상에서 남을 상대로 하는 인간으로서 살아 나갈 수가 없다는 사실을 알기 쉽게 가르쳐야 한다.

한 예로서 파랑, 빨강의 교통 신호등을 가지고 그 신호등에서 어린이에게 법률이라는 법이 있다는 사실을 가르칠 수도 있다.

어린이는 본능대로 어린이 세계에서 행동하지만 그것이 성인이 된 뒤에는 어떤 형식으로도 용납되지 않을 뿐더러 어떤 경우에는 그것이 법에 저촉되어 죄인으로 벌을 받게 된다는 것도 가르쳐야 한다. 그 벌로 인해 인간은 생명을 잃을 수도 있고 사회에서 버림을 받기도 한다는 점을 가르쳐야 한다. 그러면 어린이는 의외로 빨리 이해하고 그 말을 따르게 된다.

'어린이의 자유를 속박하지 않기 위해서'라고 그러한 도리의 이야기를 피하는 부모가 있는데 이들처럼 어리석은 사람은 없다. 어린이는 그들 나름대로 법도를 가지고 있으며 부모가 모르는 곳에서 그 법도를 어긴 친구를 꾸짖기도 하고 꾸지람을 듣기도 한다.

어린이 세계에서도 배반자는 따돌림을 당하고 보복까지 받는다. 그리고 어린이는 본능적으로 도둑질하는 것은 꺼리고 남을 원망하는 자기를 스스로 용서하지 않는다.

또한 어린이에게 여러 가지 예절을 가르치고 그것을 파기했을 때 부모로서 자식에게 벌을 준다던가 해서, 나중에는 부모 이외의 어른이 그를 속박하고 법률이 그를 구속해서 벌을 준다는 점을 이해시키는 일은 결코 어려운 일이 아니다. 그리고 세상에는 법률을 초월한 더 엄한 법도가 있다는 사실도 아울러 가르쳐야 한다.

앞서도 말한 것처럼 메리메의 《마테오 팔코네》처럼, 헌병이 준 과자의 유혹에 빠져서 정의(正義)의 살인자를 팔아 넘긴 자기 자식을 부모의 입장에서, 동시에 한 인간으로서 죽이고 마는 그러한 이론을 초월한 엄한 법도가 있다는 사실을 가르쳐야 한다.

이것은 너무 극단적인 예이지만 어떤 어린이가 범한 행위를 세상은 범죄로서 벌하지 못한다 하더라도 부모가 결코 용서하지 않는다는 점도 알기 쉽게 가르칠 필요가 있다.

법률을 초월한 마음의 법도를 굳게 가슴에 간직함으로써 어린이는 일반 사회 사람보다도 엄숙한 자세로 스스로의 인생에 임할 수가 있을 것이다.

사내는 여자를 보호해야 한다고 가르쳐라

남자의 본질은 강함에 있고 여자의 본질은 부드러움에 있다. 그러기에 나이 아래인 남자 아이라도 나이 위의 여자 아이나 어머니에 대해서까지도 남자로서 위해 줄줄 아는 마음을 갖도록 가르치고, 여자의 경우에는 연상의 사내아이나 오빠에 대해서도 여자로서의 부드럽고 사근사근한 마음씨로 남자를 감싸주는 정서(情緒)를 갖도록 키워야 한다.

한 사람이 이런 말을 했다.

"나는 동생과 형제뿐이었다. 어느 정도 성장하자 누님이나 여동생을 가진 아이들을 부러워지기 시작했다. 우리는 다정하게 정 붙이고 지낼 사람이 없어서 외로운 학창생활을 보냈다. 만약 누이동생이 있다면 우리는 얼마나 그 누이동생을 귀여워했을까 하고 말했다. 그러면서도 여성인 어머니에게 대해서는 몹시 난폭한 자식들이었다. 그런 것도 결국은 여동생이 없었던 탓인지도 모른다. 가족 구성이 맘대로 되는 것은 아니지만 부모는 아들을 위해서는 여동생을, 여동생을 위해서는 오빠나 남동생을 갖도록 배려하는 것이 좋다고 생각한다."

그리고 그는 한 작가의 예를 들었다.

"작가 후카사와(深澤七郎)가 불우했던 시절의 이야기는 너무도

가족 구성이 맘대로 되는 것은 아니지만 부모는 아들을 위해서는 여동생을, 여동생을 위해서는 오빠나 남동생을 갖도록 배려하는 것이 좋다

가슴 아프다. 그가 영양실조로 한때 실명(失明)하여 앞을 못 보고 있을 때 도쿄 너절한 하숙집으로 어머니가 찾아왔다. 어머니를 맞은 그는 3일간이나 함께 지냈다. 그러나 자기 눈이 잘 보이는 것처럼 행동을 했기 때문에 어머니가 그것을 눈치 채지 못했다는 이야기이다. 나중에 《풍류몽담(風流夢譚)》 필화(筆禍) 사건으로 일본에서 도피 행각을 했다. 그렇지만 그러한 곤경을 이겨낸 사실을 누군가가 용기 있는 사람이라고 평했다. 그는 그런 일로 자기가 용기 있는 남자라고 생각하지는 않았지만 일시적이나마 실명 상태에서 어머니에게 그것을 눈치 처지 못하게 한 것은 남자로서 장한 일이었다는 느낌이 들었다고 말했다. 이 이야기는 남자의 용기에 대해 많은 감동을 주었다."

이 이야기는 아들이면서 여자인 어머니를 위해 배려한 마음 씀씀이이고 남자는 약한 여성을 감싸주고 지켜주어야 한다는 교훈을 준다.

봉사의 기쁨과 용기를 가르쳐라

남 모르게 봉사하고 혼자 보람을 느끼는 것은 무엇과도 바꿀 수 없는 기쁨이다. 그런 보람을 어려서부터 갖게 해 주는 것은 인생길에 큰 도움이 된다.

성서에는 '남에게 대접받고자 하는 대로 네가 먼저 대접하라'고 했고, 공자는 '네가 하기 싫은 일을 남에게 시키지 말라'고 했다. 전자는 적극적인 봉사이고 후자는 소극적인 봉사라 할까? 다소 말의 차이는 있지만 어느 편이나 무료 봉사를 하라는 말이다.

그렇게 하여 얻는 기쁨을 어린 시절에 맛보게 함으로써 눈에 보이는 보상은 없지만 그 기쁨을 통하여 자존심이란 보상을 받는다는 것을 체험하게 해 주는 것이다.

무상 행위의 기쁨은 남이 기뻐하는 바를 행하고 기뻐하지 않는 일은 삼가는 데서 얻어진다는 것을 가르치는 것이다. 봉사와 관련 있는 행위뿐 아니라 등산이나 수영 등을 통하여도 얻는 기쁨의 가치를 가르쳐야 한다.

한 아이가 초등하고 4학년 때까지는 내륙 지방에서 자라다가 5학년 때 바닷가로 이사를 했다. 그 아이는 헤엄을 치지 못했다. 그러나 여름 방학에 이웃 어린이들과 물놀이를 하는 동안에 수영 흉내를 내면서 헤엄을 배웠다. 그래도 장거리 헤엄은 두려웠다.

어린이의 행위를 묵묵히 바라보며 당장에 듣기 좋은 칭찬을 하지 않는 편이 더 큰 어떤 것을 안겨 준다는 것을 부모는 알아야 한다.

어느 날 출장에서 돌아온 아버지가 아들이 헤엄치는 것을 보고 동생과 같이 보트를 태우고 먼 앞바다까지 데리고 갔다. 거기서 1천 미터 정도의 거리에서 해안까지 헤엄쳐 가라고 했다.

형제는 수영을 했고 보트로 에스코트해 준 아버지는 두 아들이 발이 바닥에 닿을 정도의 얕은 데까지 헤엄쳐 나올 때까지 지켜만 불 뿐 아무 말도 없었다. 형제는 '해안에 닿았다'고 양손을 쳐들어 손짓 했다. 그러나 아버지는 아무 말 없이 고개만 끄덕해 보였다. 아버지의 칭찬을 기대했던 에게 우리는 불만을 품었다.

그러나 세월이 흐른 후 우리는 그것이 당연한 것이라고 생각했다. 도리어 그러한 칭찬이 없는 것이 더욱 강한 자신과 자부심을 갖게 했다는 것을 깨달았다.

아들은 그 날의 그림일기에 장거리 헤엄에서 8백 미터를 헤엄쳤다고 썼더니 아버지는 아무 말도 않고 1천 미터라고 고쳐 썼다. 그 순간 아들은 1천 미터를 헤엄쳤다고 하는 확실한 행위에 대한 기쁨을 맛보며 남자끼리의 묵계(默契)의 가치를 느꼈다.

아버지의 무표정한 태도는 기쁨과 함께 뭔지 모르게 사나이의 묵계에 대해 자긍심을 갖게 해주었다. 어린이의 행위를 묵묵히 바라보며 당장에 듣기 좋은 칭찬을 하지 않는 편이 더 큰 어떤 것을 안겨 준다는 것을 부모는 알아야 한다.

어린이의 말투는 엄하게 다루어라

한 학부모가 이런 말을 했다.

"어느 날 내가 귀가했을 때, 1주일에 한 번씩 아이들 공부를 봐 주기로 한 선생님이 돌아가는 길이었습니다. 선생님과 아이들이 무언가 주고받는 이야기를 들어보니 아이의 말씨가 마치 친구끼리 하는 말투였어요. 나는 선생님이 보시는 앞에서는 아버지에게 쓰는 말과 같은 존경어를 쓰지 않으면 안 된다고 꾸짖었습니다."

그리고 이렇게 이었다.

"그 날 선생님은 그대로 돌아갔지만 다음 주에 생님을 만났을 때 선생님이 '실은 먼저 번에는 많은 감명을 받았습니다'라고 말하기에 무슨 뜻인지 몰라 다시 물었더니, '댁에서 그와 같은 가정 교육을 하고 계시다는 이야기를 다음날 교무실에서 했더니 다른 선생님들도 대단히 감명을 받은 것 같았습니다'라는 것이었습니다. 나는 그 말을 듣고 놀랐습니다. 기가 막혀 불안하기까지 했습니다. 그 정도를 가지고 감동하는 선생님에게 자식을 안심하고 맡길 수가 있느냐고 했더니, 선생님은 웃으면서 '학교에서 말씨까지 가르치려고 하면 교육위원회니 육성회에서 말썽을 부리기 때문에 곤란하여 결국은 교과서만 가르치는 것으로 만족하고 있습니다'라고 하는 것이었다.

학교에서 체벌을 금하고부터 학생들의 태도가 말이 아니다. 선생님은 사랑의 매로 아이들을 바르게 가르치는 것인데 선생님들 손을 묶어놓은 교육관계자들이 한심하다. 사랑의 매는 아끼지 말아야 한다. 말투는 가정에서 부모가 먼저 가르치고 다음은 학교에서는 선생님이 가르치는 것이 옳지 않겠는가?

어린이가 어떤 말투를 쓰는지 들어보면 그 부모의 수준을 알 수 있다. 어린이에게 아빠·엄마를, 아버님·어머님이라고 꼭 불러야 한다는 말은 아니지만 상대를 분명히 구분해서 말해야 한다는 것을 부모는 철저히 자녀에게 가르쳐야 한다. 말씨를 분별할 줄 아는 어린이로 말들 때 기본적인 예절을 체득시킬 수 있다.

가끔 자녀들에게 유아의 말씨를 쓰는 가정이 있는데 이것도 해롭고 무익한 것이다. 사람들이 흔히 말하는 특수 천재교육을 시키는 가정의 실태를 보면 유아기부터 상대에 대한 바른 자세와 경어(敬語)를 가르친다.

어른이 어린이에게 유아 용어를 쓰는 것은 아직도 자기가 가지고 있는 유아 본능을 못 버리고 어린이한테 응석을 부리며 자기만족을 구하는 것이다.

바른 말씨를 가르치는 것도 중요하지만 어린이끼리 욕지거리를 주고받는 것마저 부모가 고치려고 하는 것은 바람직하지 못하다. 어린이는 어린이 나름대로의 강한 우정이나 연대감을 표현하는 방법으로 그런 말을 사용하기 때문이다.

그러나 그것이 실수로 어른한테까지 사용할 때는 부모가 가차없이 타이르고 나무라야 한다.

아이들의 실수를 부모가 사과하지 말라

한 아이가 이웃집에 놀러 가서 방에 있는 난로에 달구어 뜨거워진 연필을 그 친구 누이동생 손에 대어 놀라게 해서 그 애를 울렸다. 아이는 그 집 어머니한테 야단을 맞고 벌이 무서워 집에 돌아왔는데 그 여자 아이는 계속 큰 소리로 울어댔다.

왜 그랬는지 알 수 없지만 그 여자 아이가 귀여웠고 어린이의 사디즘적인 충동에서 그랬던 것 같다.

그러나 여자애 어머니는 몹시 화를 내며 꾸짖은 뒤에 이웃집에 돌아다니며 소문을 냈다. 그리고 아이의 어머니가 대신 사과하러 오기를 기다렸던 모양이다. 그런데 남자 아이의 어머니는 '애들이 그런 걸 가지고 뭐'라고 할 뿐 사과를 하지 않았다. 그래서 그 두 집은 사이가 나빠졌다.

어머니가 자식을 대신해서 사과해야 한다는 의식은 우리나라의 관습이라고 할 수 있지만 어린이의 입장에서 보면 자기가 한 장난으로 어머니까지 사과하는 것은 바라지 않는다.

부모들은 아이들이 장난을 치다가 저지른 실수를 가지고 사과하는 것을 도덕상 미덕(美德)으로 아는 경향이 있으나 그건 바람직하지 않다. 놀다 보면 그럴 수도 있는 일이다. 그러므로 이런 의식은 고쳐야 한다. 아이들은 그들 나름대로의 책임감을 느끼고

> 어린이끼리 장난이 지나쳐서 다치게 하는 수도 있다. 그런 경우 다치
> 게 한 어린이는 그 나름대로 어른들이 꾸짖은 이상의 큰 심리적인 충
> 격을 받으며 나름대로 자기 잘못을 스스로 느끼고 뉘우친다. 어린이
> 는 그러면서 사회인으로서의 정서와 정신을 배우고 성장하는 것이다.

있다는 것을 알아야 한다. 아이들이 상대의 부모나 당사자에게 사과하였으면 된 것이지 부모까지 가서 사과해야 한다는 것은 어린이의 자존심을 다치는 일이다.

어린이끼리 장난이 지나쳐서 다치게 하는 수도 있다. 그런 경우 다치게 한 어린이는 그 나름대로 어른들이 꾸짖은 이상의 큰 심리적인 충격을 받으며 나름대로 자기 잘못을 스스로 느끼고 뉘우친다. 어린이는 그러면서 사회인으로서의 정서와 정신을 배우고 성장하는 것이다.

상처를 입힌 상대의 부모에게 사과를 받았다고 해서 사과 받은 부모가 어떻게 되는 것도 아니다. 그래서 양가의 사이가 나빠진다면 참으로 한심한 교분이라고밖에 할 수 없다. 그 같은 인간관계라면 애당초 모르고 지내는 편이 낫다.

물론 어린이에 대한 부모의 책임은 충분히 있을 수 있다. 그러나 그것은 어린이가 어린이끼리의 싸움이나 장난으로 야기된 과오이니 어린이에게 맡기는 것도 방법이다.

그러나 어린이가 어린이로서의 인격을 넘어선 과오를 범했을 때는 책임을 부모가 져야 하는 것은 당연하다.

가족끼리도 시간을 엄격히 지켜라

어릴 때부터 시간 관리는 스스로 철저히 해야 한다는 것을 가르쳐야 한다. 어린이가 남과 약속을 할 때나 가족과 약속할 때나 구별하지 않고 시간을 성실히 지켜야 한다는 것을 습관들이도록 해야 한다.

남과 약속 시간을 지키는 것은 사회생활을 원활히 하기 위한 기본적인 조건이다. 그러한 조건을 납득시키기 위해 우선 가정에서 가족끼리 시간을 꼭 지키도록 해야 한다. 시간뿐만 아니라 다른 약속까지도 그러한 습관을 갖게 하는 것이 절대 필요하다.

가족끼리의 시간 약속이나 다른 약속을 깨뜨리는 것은 어린이보다는 어른들 편이 더 많다. 그러면서도 어린이에게 '시간을 지켜라, 약속을 잘 지켜야 한다'라고 훈계하는 것은 큰 모순이고 실수이다.

부모가 집에서 아이와 약속을 어겼을 경우 부모로서는 어쩔 수 없는 사정이 있었다고 하더라도 어린이에게는 그것이 통하지 않는다는 것을 알아야 한다.

외국 영화 장면에서 어린이가 아버지에게 '남자끼리의 약속입니다' 하고 말하는 것을 본다. 약속에 소홀한 사람은 급소를 찔리는 기분이 들 것이다.

가족끼리의 시간 약속이나 다른 약속을 깨뜨리는 것은 어린이보다는 어른들 편이 더 많다. 그러면서도 어린이에게 '시간을 지켜라, 약속을 잘 지켜야 한다'라고 훈계하는 것은 큰 모순이고 실수이다.

그러한 습관과 정신을 길러주기 위해 어린이가 어느 정도 자라면 부모는 가급적 어린이와 밖에서 만나는 기회를 만드는 것도 좋다.

어린이는 장차 복잡한 사회 속에서 여러 종류의 친구나 연인과 만날 약속을 하게 될 것이다. 그때를 대비하여 어떤 목적을 가지고 부모와 만나는 일을 만들어 기다리게도 해 보고 부모가 먼저 와 기다려 보기도 하는 것이다. 그것이 인생 훈련이다.

그런 가운데 사람을 기다리다 만나는 감동을 맛볼 수 있고 동시에 상대편을 기다리게 했을 때 초조감이나 기다리는 고충이 어떤 것인가를 경험할 수 있는 것이다.

아무튼 부모는 자식들과 한 시간 약속을 철저히 지켜 줌으로써 무언중에 자녀들의 인격을 도야하고 성실한 한 인간으로서 존재 가치를 인식시키는 것이다.

아이는 차에서 서서 타라고 가르쳐라

유럽에서는 어린이가 불구자가 아닌 한 버스에서 어린이가 앉고 어른이 서 있는 광경은 볼 수 없다. 그런데 우리나라는 어떤가? 반대로 부모가 다투어 좌석을 차지하여 어린이를 앉히고 자기는 서서 간다.

이것은 우리 사회가 어린이에게 필요 이상의 나쁜 버릇을 길러 준다는 사실을 알아야 한다. 예전에는 여럿이 앉는 버스 좌석에서 아이를 창가에 앉힐 때는 신발을 벗도록 마음을 썼다. 그런데 어린이를 앉히는 것도 이상한데 요즘은 신발을 신은 채 서서 창밖을 내다보게 한다.

그뿐 아니다. 버스나 공공장소에서 어른들에게 폐를 끼치는 것은 고사하고 멋대로 소란을 피우고 뛰노는 어린이를 어른들이 어린이라는 이유로 너그러이 봐주려 한다. 이것도 잘못이다.

어린이가 어른에 대한 경의(敬意) 이전에 사회적인 점을 감안하여 아이를 타일러야 한다. 그리고 전철이나 버스 안에서 어린이는 서야 된다는 것을 엄격히 가르쳐야 된다.

어떤 한 외항선 선장은 아들과 버스를 탔을 경우 절대로 자기 자식을 앉지 못하게 하였다. 그뿐만 아니라 노인이 서고 젊은 사람이 앉아 있으면 그 앞에 가서, "자네 일어서게"라고 그를 일으켜

세우고, 학생이든 깡패든 세 번 말해서 듣지 않으면 옷자락을 잡거나 뺨을 때려서라도 일어서게 했다.

그 때문에 싸움이 벌어지기도 했지만 완력이 강한 그는 어떤 경우에도 싸워 이기고 그 규율을 철저히 지켰다. 그렇게 하는 것을 자식에게 보임으로써 그의 자식도 바람직한 청년으로 성장했다. 그리고 언제나 버스 안에서 자기보다 연상인 사람이 서 있으면 절대로 앉지 않는다.

외국에서는 이러한 매너를 미덕으로 생각하기 이전에 당연한 것으로 인식하고 있다. 어른과 어린이의 차이가 유럽 어린이들에게 얼마나 철저히 교육되어 있는가를 다음 예로도 알 수 있다.

미성년자 출입이 불가능한 런던의 대중 술집에서 술을 마시고 있는 아버지를 기다리는 어린이들이 쌀쌀한 바람이 부는 문 앞에서 콧물을 흘리고 서서 기다리는 광경을 흔히 볼 수 있다.

우리나라 풍속으로 본다면 어떤가? 안에서 술을 마시고 있는 아버지 얼굴을 보려고 기웃거리겠지만 그 어린이들은 나름대로 자기 신분을 알고 아버지가 술을 다 마시도록 참고 기다린다.

어른과 어린이의 차이를 억지로 강조하는 것은 아니지만 사회적으로 어린이는 어른의 절반의 자격밖에 없다는 것을 알게 해 주어야 한다. 그것이 철저하지 못하면 이유 없이 반항하면서 남에게 폐를 끼치는 자식을 만들 위험이 있다.

형제간의 서열을 분명하게 가르쳐라

형제란 출생 순서가 다를 뿐 본질적으로는 대등한 자식이다.

그러나 출생 순서가 다르다는 사실은 부인할 수 없다. 어느 가정에서나 장남은 장남의 세속적인 입지가 있고 차남은 차남대로의 위치가 있는 것이다. 형제는 본질적으로 대등하다고 하지만 나이의 차가 가족의 역할을 할 때 많은 영향을 준다.

어떤 때는 부모가 자기 의중을 철저히 주지시키고자 할 때 형을 내세우기도 하고, 혹은 형을 꾸짖음으로써 다른 동생들이 듣고 보고 그것을 철저하게 인식시키는 경우도 있다.

그러나 형제간에도 그 나름대로의 경쟁심을 가지고 있어서 부모가 지나치게 형에게 의지하면 동생 입장에서는 불공평한 처사로 느껴져 불만을 갖게 된다.

두 형제만 있던 아담의 가정에서도 시기심으로 인해 형이 동생을 죽이는 무서운 사건이 있었다. 그 당시 아버지가 작은아들 아벨에게 어떻게 했으며 형 에서에게는 어떻게 교육을 했는지 몰라도 형제간의 갈등은 인류 최초의 경쟁 추태를 보여준 것이다.

부모들은 흔히 형이 동생보다 성적이 좋을 경우 형을 몹시 치켜세우고 과장해서 동생이 열등감마저 느끼게 하는 경향이 있다.

그것을 좋게 평하면 동생을 자극시키는 동기가 되어 동생은 나름대로 공부를 열심히 하게 만드는 계기가 될 수도 있는 것이다.

어떤 집의 작은아들은 그런 입장에서 자랐지만 사회인이 되어서는 형이 감당할 수 없는 어려운 사업을 성공시키고 가업을 일으킨 예도 있다.

형제간의 출생 순서를 지키기는 쉽지만 부모가 자식에게 사랑과 관심을 쏟는 정도의 조절은 참으로 어려운 일이다.

아무튼 형제 관계를 원활히 유지하기 위해서는 어려서부터 형제의 출생순서를 분명히 하는 것이 필요하다. 그러나 그 순서가 후에 대등한 사회인으로 성장했을 때는 다른 결과를 가져오기도 한다. 그때는 형제의 신분이 다를지라도 형은 형으로서 동생을 생각해 주고 동생은 동생으로서 형을 대접하는 우애를 갖도록 해야 한다. 그렇게 하기 위하여 어려서부터 형제가 어떤 관계라는 것을 마음에 깊이 새기게 해야 한다.

대개 장남은 집안에 문제가 생기면 동생보다 많은 장남 의식을 가지고 임한다. 아버지가 일찍 돌아가셨을 경우는 능력도 없으면서 장남이니까 동생과 어머니를 부양해야 한다는 의무감에 사로잡힌다. 그 결과 자기가 하고 싶은 공부를 포기하기도 하고 수입면에서 조건이 좋은 길을 무리하게 택하기도 한다.

형이 이런 의식을 가지고 있는 것을 동생은 알아야 하고 형을 도우며 우애를 돈독히 해야 한다는 것을 어려서부터 가르쳐야 한다.

자유방임은 규칙을 익힌 후에 된다

어떤 사람은 자녀의 야성(野性)을 키워 준다면서 교육적으로 완전히 자유 방임주의적인 태도를 취하는 사람이 있다. 그 집의 어린이는 어느 집에 가서도 천방지축이다. 아래 위도 모르고 식사가 나오면 마구잡이로 여기저기 손을 대고 범절도 버릇도 말이 아니다.

그런 아이를 본 사람이 질색을 하면 그 아버지는 태연하게 "괜찮아, 자유방임주의니까"라고 엉뚱한 소리를 한다. 그건 자녀를 자유주의적으로 키우는 것이 아니라 난폭하게 키운다고 해야 할 것이고 부모가 자녀 교육에 소홀히 한다고 생각된다.

교육받지 못한 어린이는 동물적인 본능을 가지고 있기 때문에 동물과 흡사하다고 해도 과언이 아니지만 그 본능을 함부로 하도록 방임하는 것은 사회인으로 살아갈 자녀에게는 큰 잘못이다.

축구에서 풀백이 아무리 앞에 나서거나 포드(전위)가 아무리 후위에 있어도 관계가 없지만 그래도 최소한의 포지션 룰은 적용되고 있다. 플레이어가 어떠한 플레이를 해도 용납되지만 그 대신 공에 손을 대는 것만은 절대 금하고 있다. 공에 손을 대면 그 축구는 이미 축구가 아닌 것이다.

그와 마찬가지로 어린이들을 자유방임이라 해서 어른으로서는 용납할 수 없는 조잡성이나 난폭성을 방임한다면 어린이는 벌써 인간으로서의 어린이가 아니라 짐승이 되고 마는 것이다.

그러나 기본적 룰 이외에 어른들이 사사로이 만든 억지 룰은 무의미한 것이다. 부당한 룰을 강요받을 때는 그것을 타파하기 위해 싸워도 된다는 것을 자녀들에게는 가르쳐야 한다.

기본적인 룰이란 교통 법규와 같은 것이다. 급히 가려고 바쁠 때는 빨간 불이 있어도 달리고 싶지만 거기에는 위험이 따른다. 결국 그 룰을 지킴으로써 그 자신이 인간으로서의 생존을 보호받게 되는 것이다.

제아무리 자유방임주의를 내세우는 부모라도 어린이가 빨강 신호인 데도 길을 건너가라고는 하지는 않을 것이다. 그와 같이 유형 무형의 고 스톱의 신호와 본질적으로 같은 기본적 룰이 인간의 생활 속에 있는 것이다.

그 기본적 룰에는 상대가 있다는 사실이다. 빨강 신호의 경우에는 달려가는 자기보다도 훨씬 강력한, 충돌하면 틀림없이 자기를 파괴시킬 수 있는 자동차라는 상대가 있다는 사실을 알아야 한다.

사회의 복잡성에 비례하여 점차 생활을 규제하는 룰이 늘고 있는데 그 룰 때문에 어린이의 자연스러운 심신의 발달이 저지되어서는 안 된다. 다만 그 자유방임 속에 기본적인 룰을 지킨다는 절도(節度)만은 입에서 신물이 나도록 가르쳐야 한다.

　유럽에서는 어린이가 불구자가 아닌 한 버스에서 어린이가 앉고 어른이 서 있는 광경은 볼 수 없다. 그런데 우리나라는 어떤가? 반대로 부모가 다투어 좌석을 차지하여 어린이를 앉히고 자기는 서서 간다. 이것은 우리 사회가 어린이에게 필요 이상의 나쁜 버릇을 길러 준다는 사실을 알아야 한다.

CHAPTER 7

교사에게만 자식을 맡기지 말라

예절 교육은 학교에서만 하는 것이 아니다

치맛바람은 어디나 있지만 그것이 자식의 심성이나 사회적으로 예의 바른 아이를 만들고자 부는 바람이 나닌 것에 문제가 있다. 모든 예절 교육을 학교에 일임시키고 무엇을 어떻게 지도하는지는 관심 밖이고 오직 자기 자식들이 어느 정도 성적을 올리는가에만 관심을 가지고 있다.

어른들은 흔히 '요새 애들은 예절이 없고 애국심도 없고 절약정신도 없다'고 꼬집어 말한다. 하지만 자기 자녀를 맡기고 있는 초등학교나 중학교에서 예절 교육을 어떻게 하고 있고 역사관을 어떻게 가르치고 있는가를 알려고 하는 사람은 드물다.

버릇없는 아이들을 만든 사람이 누구인가? 누구에 의해 그렇게 되었는가를 파악하고 자성하는 사람은 없다. 어린이 버릇은 학교에서 못 고친다. 먼저 가정에서 하여야 할 인성교육과 예의범절은 가정에서 하고 그것까지 학교에 맡겨서는 안 된다. 학교에서 그런 것까지 다 한다는 것은 어려운 일이다. 몇 십 명이나 되는 제자를 떠맡고 심혈을 기울여 학업을 감당하는 교사가 그렇게 하기란 어려운 일이다. 인간의 개성을 중히 여기지 않는 공산주의 사회라면 다를 수도 있다.

많은 부모들이 자식을 가정에서 교육시켜야 하는 가정교육마저 남에게 맡긴 채 방임한다. 어린이에게 잠자리를 주고 먹여 주고 입혀만 주면 다 되는 것으로 생각해서는 안 된다. 그런 것은 부모가 아니더라도 사회주의 국가라면 집단 수용소 같은 시설로도 충분히 할 수 있는 일이다.

비록 부모가 자식을 충분히 먹일 수 없고 가난과 어려움 속에서 헤어나지 못한다 하더라도 예의범절만은 가정에서 할 수 있는 것이다. 부모가 인간으로서 자기 피를 나누어 준 자녀에게 기대를 걸고 소망한다면 할 수 있는 한 자녀들에게 가정교육에 정성을 쏟지 않으면 안 된다.

교육을 위한 체벌 방법 중에 육친(肉親)만이 할 수 있는 방법은 자식을 때리는 일이다. 요즘 학교 선생님은 어떤 이유이건 어린이를 때리면 물의를 일으키게 되므로 교사들이 위축되어 있다. 학생을 감히 때릴 수가 없는 선생님들의 애로가 이만저만이 아니다. 선생이 사랑의 매를 들 때 제자가 바르기 선다는 것을 잊어서는 안 된다. 일부 부유층에서 말썽 많은 자녀를 과잉보호하려는 의도가 작용하기도 하였지만 학생을 과도하게 구타하고 상처를 입히는 교사가 있어서 구타금지라는 극약처방을 한 꼴인데 선생이 그렇게 하지 않을 수 없게 만든 것은 학생일 수도 있다. 그런가 하면 교사 자신이 인간교육이 잘 못된 가정에서 자란 경우도 있을 것이다. 또 어린이를 굶기는 징벌도 부모가 아니고는 할 수 없고 어린이를 가두는 일이나 위협하는 일도 부모 외는 아무도 할 수 없다.

부모는 어린이의 버릇이나 교육에 결정적인 열쇠를 쥐고 있는 교사이다. 그 열쇠를 누구에게 어떻게 맡길 것인가?

선생님을 무조건 존경하라고 강요 말라

다음에 드는 예는 우리나라 사람이 한 말이 아니다. 일본의 어떤 사람이 실토한 말을 그대로 옮겨 본 것이다. 과연 우리와 일본인들과 생각 차가 얼마나 있는지 재고해 볼 필요가 있다.

"나는 초등학교나 중학교 선생님을 인간적으로 이류(二流)인간이라고 생각지 않는 반면 그 이상의 학교 선생들, 교수들을 일류(一流)라고 생각지도 않는다. 나는 쇼난(湘南) 지방에 있는 속칭 수재 교육으로 유명한 구제(舊制) 중학교와 신제(新制) 고등학교를 다녔다. 그 때 나를 가르친 고등학교 교사들을 졸업 후 평가해 보고 그들 가운데 얼마나 속물(俗物) 근성을 가진 저속한 인간이 많았는가를 발견하고 아연실색하지 않을 수 없었다. 내가 다닌 고등학교에서는 도쿄 대학에 들어가든지, 그렇지 않으면 도쿄의 일류 사립대학, 게이오나 와세다 대학에 들어가든지 일류 스포츠 선수가 못 되면 선생님의 눈 밖에 난다는 것을 느꼈다. 그런 풍조는 계속되어 일류 학교에 합격한 졸업생은 어깨에 힘을 주고 활보하게 하고 선생님들은 그들을 영웅 대접하고 총아(寵兒)로 추켜올렸다. 나는 그러한 교육 환경이 못마땅해서 마침내는 고등학교 2학년 때, 1년간 학교를 쉬고, 평소 좋아하는 그림을 그렸다. 그런데 몇 년 후에 교우회지(校友會誌)로부터 원고 청탁을 받았다.

> 일류가 되느냐 삼류가 되느냐를 이끌어야 할 교사가 삼류 이하일 때
> 문제다.

원고 요지는 학생 신문에 '재학 중에 선생님의 말씀을 너무 믿지 말라'고 쓴 이유로 재학 당시는 교감이었고 현재는 교장이 된 선생의 반감을 사서 축구를 도중에 집어치운 이시하라(石原)를 의지가 약한 사내, 명문 대학에 들어갔으면서도 자기 모교 은사의 은혜를 모르는 자'라고 말도 안 되는 기사를 쓰라는 것이었다. 내가 학업을 중단하고, 도쿄 대학 진학의 꿈도 포기하고 무작정 그림만 그리고 싶어 했던 소년의 마음은 아랑곳하지 않는 뜻밖의 청이었다. 예술가가 되려는 소년의 감성(感性)을 이해하지 못하는 교육자가 과연 일류라고 할 수 있겠는가? 대개 교사들은 자기가 단순한 기계적인 인간이면서도 교육이 어쩌고저쩌고하면서 숭고한 교육 사업에 종사한다고 착각하고 있는 선생이 많다. 교육제도 자체에도 문제가 없는 것은 아니지만 어린이의 개성을 발굴하고, 그 개성이 두각을 나타낼 수 있는 절대 조건을 부모에게서 배울 수 없다면 학교에서 배워야 하는데 교사가 인간적인 면에서 인격이 삼류 이하라면 어디서 배울 것인가. 일류가 되느냐 삼류가 되느냐를 이끌어야 할 교사가 삼류 이하일 때 문제다. 인간적인 능력이나 인격은 확인하지 않고 선생님이라고 모든 것을 맡기고 무조건 선생님을 존경해야 한다고 강요하는 것을 나는 거부한다."

교사와 부모의 의견이 다를 땐 부모를 따르게 하라

근래의 교육풍조는 이상하리만큼 초·중·고등학교는 물론 대학에 이르기까지 선생님과 부모 사이에 의견의 충돌이 없다.

그 이유는 앞에서 말한 것처럼 아이들 버릇(예절)을 가르치는 일까지 부모가 모든 교육을 학교에 무책임하게 맡기기 때문이다.

학교 교육은 방대한 지식을 여러 방면에서 뽑아 제공하기 때문에 개개인의 적성에 맞는 교육이 될 수 없다. 그러므로 어떤 분야에서는 부모의 견해와 학교에서 가르치는 교육이 다를 수도 있다. 또 그런 것이 있어야 마땅하다고 본다.

부모가 어린이 교육에 관해 학교와 다른 견해를 가지고 이의를 제기하면 어린이는 선생님과 부모 사이에서 어느 쪽이 바른가에 저울질을 하게 된다. 이때 교육의 폭이 넓어지는 반면 학생이 어느 쪽을 택할 것인가 하는 데서 사물에 대한 선택 방법을 터득하게 되고 사고 능력이 유연해진다.

그러한 관점에서 볼 때 학부모가 학교에서 가르치는 것이 모두 옳은가 그렇지 않은가를 판단하고 선생님과 의견이 다를 때는 토론도 해야 하는데 그렇지 못하다. 그럴 만한 능력과 지식이 부족한 것도 아니면서 그러한 태도가 부족하다.

최근 초등학교 고학년에서 배우는 사회 및 역사 교과서를 보고

부모가 어린이 교육에 관해 학교와 다른 견해를 가지고 이의를 제기
하면 어린이는 선생님과 부모 사이어서 어느 쪽이 바른가에 저울질
을 하게 된다.

놀라지 않을 수 없다. 부모는 자기들 세대와 다른 현대의 어린이
가 어떠한 교과서를 배우고 있는지 한 번쯤 직접 점검해 볼 필요
가 있다.

보수적인 견해와 진보적인 견해차가 매우 크다는 것을 발견하
게 될 것이다. 그렇게 되면 학교 선생님의 말씀과 학부모의 뜻에
많은 견해차가 있을 수 있다.

이때는 부모가 학교 선생님이 무어라 하더라도 부모의 의견에
따르게 해야 한다.

어떤 아버지는 이렇게 말했다.

"나는 아들이 시험 때 역사 문제를 선생님이 가르친 대로 쓰지
않고 제 주관대로 썼다가 0점을 맞는다 하더라도 아버지의 의견
대로 써서 0점을 맞았다면 칭찬할 것이다. 그리고 0점을 준 선생
에게 항의를 하겠다."

이 정도의 식견을 가진 부모가 있을 때 선생들도 사사로이 역사
를 해석하지 않을 것이 아닌가.

분명한 역사관과 소신을 가지고 사회 둔제 등을 논평하는 부모
가 많을 때 교육은 발전하는 것이다.

자녀가 숙제를 못해도 부모는 거들지 말라

부모들은 학교 다닌 지가 오래 되어 다 잊은 문제를 아이들이 가지고 와서 풀지 못하고 신음하는 것을 보면 자식들과 함께 끙끙거린다.

아이들 숙제를 부모가 울상을 지으면서까지 풀어야 할 이유가 어디 있는가. 숙제를 자녀들이 스스로 해결하는 것은 바람직한 일이지만 어린이가 능력을 다 쏟아도 되지 않을 경우 부모가 그것을 대신 해줄 필요는 없다.

만약 체면 유지를 위하여 아이들 숙제를 부모가 손을 써서 해결해 준다면 부모가 자식에게 겉치레를 한 것밖에 안 된다. 자녀 교육에는 학교에서의 범주(範疇)와 가정에서의 범주가 따로 있다. 부모가 학교 선생님에게 맡긴 교육의 범주를 넘어서까지 손을 대서는 안 된다. 주어진 숙제를 부모가 도와서 제출한다는 건 실력이 없는데 진급시키고 실력이 없는데 졸업시키고 뒷거래로 대학생을 만들어 사회에 내보내는 것과 무엇이 다르겠는가.

일본의 야마모도(山本) 원수(元帥)는 해군 차관 시절에 그의 자식이 중학교 3학년 학기말 진급을 앞둔 어느 날, 자식의 성적을 보고 한 통의 편지를 학교에 보냈다.

'3년 동안 아들의 성적은 내가 바라던 바와는 너무 차이가 있습니다. 이래서는 고등학교에 진학을 시켜도 장래성이 없습니다. 이 기회에 타교로 중3으로 전학을 시키든지 아니면 다시 3학년에 재수시키는 것이 마땅할 것 같습니다. 재고해 주시기 바랍니다.'

한편 그 장군은 가족과 의논 끝에 아들을 3학년에 재수시키기로 하고 학교에서는 유급시켰다는 이야기이다.

많은 부모들이 자기 자식의 진학 문제로 고민하면서 자식의 낙제를 수치로 생각하고 체면 문제에만 급급하다. 그러기에 졸업할 수 있는 아들을 재수시킨 장군은 주위 사람들을 놀라게 했다.

이 일은 자기 자식의 능력을 판별해서 자기가 걸었던 기대를 자식이 달성하도록 하기 위한 부모의 배려(配慮)라고 할 수 있다. 자식의 장래를 위해서는 진급으로 체면 유지를 하는 것보다 한 때의 수치를 감수하고 재수를 시키는 용기 있는 사람이 참된 부모인 것이다.

우스운 것은 리버럴리스트로 알려져 있는 어느 독일 문학자는 강단에서 말하는 것과는 다르게 자기 자식에게 몇 해 재수를 하더라도 반드시 일류 대학에 보낸답시고 욱이다가 결국 자식을 노이로제 환자로 만들었다.

이것은 부모가 자식의 능력은 생각지 않고 자기의 체면만 생각한 한심스러운 작태이다. 부모는 어린이의 숙제를 거들어 주는 것을 자랑으로 말하는 사람도 있다. 이것은 백해무익한 일이다. 숙제 같은 것을 거들어 주면 아이들이 자립성을 잃는다. 숙제는 스스로 해결하게 하는 것이 바로 부모 교육이다.

아침에 자녀들을 억지로 깨우지 말라

어린이들은 시간 개념과 시간에 대한 감각이 거의 없다. 그것이 어린이다움이고 장점이다. 그렇지만 어린이의 장래를 위해 시간 감각을 예민하게 습관들일 필요는 있다.

아침에 잠자리에서 일어나는 일은 어린이에게 육체적으로 가장 힘든 일이다. 그리고 억지로 자라고 할 때 어린이가 겪는 어려움도 큰 것이다. 기상과 취침 시간은 될 수 있는 한 어린이 스스로에게 맡기는 것이 좋다.

일어나기 싫어하는 어린이를 어머니가 몇 차례 살살 흔들어 깨우는 것보다는 가만히 다가가 한 번에 일으키는 것도 방법이다. 그렇지 않으면 내버려 두어 지각하게 만들어 학교에서 벌을 받도록 하는 것이 결과적으로 어린이를 위하는 길이다.

어느 학교에서 어린이를 두 반으로 나누어 한 쪽은 1주간의 타임으로 프로그램을 상세하게 선생님이 정해서 학습을 시키고, 다른 한 쪽은 어린이들에게 자주적으로 맡겨 놓았다.

그 결과 선생님이 정해준 1주간의 타임 프로그램을 받은 그룹 쪽보다 자주적으로 맡긴 쪽이 훨씬 효과가 컸다고 한다.

어린이는 어른보다 본능적으로 시간 조절 능력이 더 높다고 한다. 어린이는 자기 욕구에 대하여 어른 이상으로 집중하고 충실하기 때문이다. 그러므로 어른이 지나치게 속박하는 것은 마이너스이다.

휴일에도 평일처럼 어린이를 깨워서 규칙적인 생활을 시키려는 부모가 있지만 시간적인 규율을 철저히 하기 위해서는 오히려 어른과 같이 하나의 시간적인 계획을 세워 주어, 주말이나 휴일의 취침 시간이나 기상 시간은 어린이의 자율에 맡기는 것이 바람직하다.

일요일에 아버지들이 대낮까지 자고 싶어하는 거나 아이들이 바라는 것이나 다를 것이 없다. 어린이는 어린이대로 시간적으로 속박되었던 6일간의 구속을 휴일에 풀려는 본능적인 욕구를 가지고 있기 때문이다.

'내일 하면 되잖니? 빨리 자라' 하고 부모가 말할 때 어린이가 '괜찮아요. 조금만 더 있다가요'라고 하면 그대로 두면 된다. 그 결과 다음날 어떤 지장을 가져오더라도 그것은 자신이 처리하도록 하면 된다. 그렇게 함으로써 어린이는 자기의 의지로 자기 시간을 조절하는 습관을 기를 수가 있다.

대개 어린이들은 어머니가 초등학교의 저학년 때부터 매일 아침 기상 시간에 참견하지 않으면 지각을 종종 한다. 그러나 아이가 차츰 나이를 먹으면 체면이 생긴다. 그래서 지각을 하고 수업 중에 혼자 교실에 들어가는 수치스러운 꼴을 보이지 않으려고 스스로 일찍 일어나는 습관이 붙는다

전 과목이 균등한 것은 수치라고 가르쳐라

학교 채점이 수우미양가로 먹여질 때 올 수라면 모르되 우라든지, 미인 경우 어린이의 성적으로 아이의 모든 것을 평가해서는 안 된다. 각 과목의 점수가 평균적이어서 잘하고 못하고가 없다는 것은 오히려 어린이의 개성이 아직도 어린이 자신에게 자각되지 않고 발굴되지 않았다는 증거이다.

어린이의 성적은 한쪽으로 쏠리는 편이 그 어린이의 개성을 알게 한다.

철학자 헤겔은 학교 성적이 몹시 나빠서 학력은 보통인데다가 특히 철학은 수준 이하의 낙제라고 튜린겐 대학 기록부에 기재되어 있다고 한다.

또 영국 수상을 지낸 윈스턴 처칠은 낙제 기록을 보유한 인물로 사관학교 입학시험에 두 번이나 실패했고, 세 번째 정실(情實)로 입학했다고 한다. 그리고 성적이 나빠서 지망했던 용감한 보병은 못되고 기병으로 입학 허가를 받았다. 그러나 어느 과목이나 대단치 않은 성적이었는데 영국 역사 과목만은 뛰어났다고 한다. 이런 점에서 나중에 영국의 위기를 구출한 인물됨이 엿보였다고 할 수 있다.

일본의 심리학자 미야기 오도야(宮城音影)는 그의 저서 《천재

(天才)》에서, '민주주의 교육은 상식적인 시민을 최대 목적으로 삼고, 학교 교육 목표도 평균적으로 모든 학과를 잘하는 인간을 만들기 위해 치중한다. 그러나 암기 능력이 열등한 사람이나 계산 능력이 부족한 사람이라 하더라도 특수한 능력과 퍼스낼리티에 의하여 사회에 공헌할 수 있는 우등생을 만드는 영재 교육을 부정할 것이 아니라 천재나 천재적 인물을 만들어 내는 노력도 잊어서는 안 된다'고 했다. 천재는 우수한 머리를 가지고 있는 동시에 결정적 결함을 가지고 있다. 그래서 인간으로의 균형을 유지할 수 있는지도 모른다. 그런 관점에서 볼 때 부모는 자녀의 성적이 모두 우수하다고 해서 자랑할 것은 없다.

스스로 여재라고 자부하는 사람이 이렇게 말했다.

"내가 다니던 학교는 속칭 영재교육으로 이름난 학교였다. 그 학교 교사들 또한 수재들이었다. 학생들은 무엇을 시켜도 잘할 수 있었다. 그림도 곧잘 그렸지만 그들이 그린 그림은 경멸받을 정도로 사실적(寫實的)이었다. 나는 그것에 분통을 터뜨린 기억도 있다. 그러한 영재란 무리들이 수재로 동대(東大)의 경제학과나 법학과에 입학해서 졸업 후에는 거의 관리(官吏)가 되었다. 그러한 인간들이 고급 관리가 된들 무엇을 창안할 수 있겠는가. 참다운 문화는 그러한 우등생에 의해 이루어지는 것이 아니다. 문화를 배양시킨 각 분야의 천재들은 동시어 대단한 결함을 지니고 있던 인간이었다. 부모들이 어린이에게 바라는 것은 전형적인 속물 수재 관료를 만들고 싶어 하는 것 같아 안타깝다."

교과 성적으로 형제를 비교하지 말라

학교 성적은 공무원이 되려는 사람한테는 대단하게 보이지만 그 외는 문제가 되지 않는다고 학생들은 생각한다.

다만 대학에 진학하기 위해서는 어쩔 수 없이 성적이 경쟁의 요소가 되지만 그 이전의 중학교나 고등학교, 초등학교에서는 학교 성적이 학생들을 저울질하는 기준이 될 뿐이다.

학교 성적이 좋은 사람은 고급 관리로 나가거나 대기업에 들어가거나 하지만 졸업 후 10년 내지 15년 후에 만나 보면 거의가 공부에도 현직에도 큰 흥미를 가지고 있지 않다.

졸업생 가운데 재학중 성적이 좋지 않던 인간이 오히려 실사회에 나와서 우등생보다도 훨씬 활발하게 활동하고 자기에게 부족한 분야를 공부하는 사람이 더 많은 것을 알 수 있다.

초중고등 학생 때는 거의가 부모의 기대에 어긋나지 않으려고 열심히 성적을 올리고 그 성적으로 세상을 얻은 듯 기뻐한다. 그리고 집에서는 형제간에도 성적을 비교하여 성적이 낮은 쪽의 기를 죽인다. 누구든지 형제와 성적을 비교하다가 열등감을 맛본 경험이 있을 것이다. 그러한 부모는 어린이에게 속물적 근성을 보여주는 잘못된 태도라고 생각한다.

수재라고 자부하는 한 사람의 경험담은 이렇다.

> 학교 성적이 좋은 사람은 고급 관리로 나가거나 대기업에 들어가거
> 나 하지만 졸업 후 10년 내지 15년 후에 만나 보면 거의가 공부에도
> 현직에도 큰 흥미를 가지고 있지 않다.

"나는 우수한 성적으로 초등학교를 졸업하고 속칭 수재를 뽑는 중학교에 입학했다. 입학시험 성적으로 편성된 학급에서 담임선생이 일방적으로 나를 제외시키고 다른 학생을 반장, 부반장으로 지명했을 때의 굴욕감을 아직도 잊지 못한다. 그런데 나보다도 아버지의 쇼크가 더 컸던 것이다. 내가 학교에서 돌아오자 아버지는 반장이 되지 못한 이유를 설명해 주었다. 나는 아버지나 선생이 학업성적으로 모든 것을 판단하는 것을 보고 수재를 측정하는 기준이 무의미하다는 것을 통감했다."

수재의 척도(尺度)를 성적만 가지고 형제간에도 적용하고 비교하여 우대하고 비하하는 것은 부모의 무식한 소치이다. 교사가 시험 성적으로 우열을 가리는 것은 둘째 치고 부모로서 어떻게 자기 자식을 성적만으로 저울질할 수 있는가!

형제 중 누가 뛰어난 자식인가는 부모가 죽은 후에 나타난다. 자식들이 사회적으로 어떻게 활동할 것인가는 그 자질에 따라 결정되지만 적어도 어린이 때는 부모가 이 아이는 저 아이보다 이 점이 낫고, 저 점은 못하다고 하는 자질을 파악하고 무엇을 어떻게 지도하는 것이 좋은가를 알고 도와주어야 한다.

학교 성적만 가지고 형제를 비교하는 것은 절대로 금지 사항이다.

돈은 꾸어주지 않더라도 책은 빌려 줘라

유대에는 '현인(賢人)은 없다. 현명하게 공부하는 사람이 있을 뿐이다. 사람은 평생 배워야 하는 존재다'라는 말이 있다. 이 말은 유대인들이 가진 기본적 사고방식이며 신념이기도 하다.

아무리 수재라도 배움을 중단하는 것은 용납되지 않는다. 배우기를 중단하면 그때부터 지금까지 배운 것을 모두 잃는 것이라고 가르친다. '20년 배운 것을 2년에 잊는다'는 격언도 있다.

인간에게는 현인과 우인(愚人)이 따로 있는 것이 아니고 '배우고 있느냐, 배우지 않느냐'에 따라 구별된다. '배우지 않는 사람은 이미 사람이기를 포기한 것이다'라는 말도 있다.

구약 성경에 '오늘날 내가 네게 명하는 이 말씀을 너는 마음에 새기고 네 자녀에게 부지런히 가르치며 집에 앉았을 때든지 언제나 이 말씀을 강론할 것이며'(신명기 6장 6~7절)라고 씌어 있다.

이 말 가운데 '마음에 새기고'란 말은 히브리어의 '조각하는 것처럼'이란 말로 더욱 강한 교육의 필요성을 호소하는 것이다. 자녀가 마음에 새기도록 가르치기 위해서는 어버이기 먼저 배우기를 중단해서는 안 된다.

유대의 오랜 전통에 의하면 하나님을 경외하는 것은 배우는 것과 똑같은 일이며 교회당에 모이는 사람들은 단순히 하나님께 기탈무드에 유대인은 예로부터 '책의 민족'이라고 기록되어 있다. 그 책 속에 '돈 빌려주는 것은 거절해도 척 빌려 주기는 거절하지 말라'는 격언이 그것을 말해 주고 있다.

구하는 것뿐 아니라, '토라'(구약 성경 권두의 5서: 창세기, 출애굽기, 레위기, 민수기, 신명기)를 배우는 것이 가장 중요한 과제다. 매일 배우는 것에 열중함으로 부모는 자녀들의 교사가 될 수 있는 것이다.

탈무드에 유대인은 예로부터 '책의 민족'이라고 기록되어 있다. 그 책 속에 '돈 빌려주는 것은 거절해도 책 빌려 주기는 거절하지 말라'는 격언이 그것을 말해 주고 있다.

다른 민족으로부터 박해를 받는 까닭은 책 속에서 새로운 지혜를 얻는 공부를 멀리하고 연구하지 않은 데 있는 것이다. 탈무드에서 말하는 것처럼 '책은 만인의 공유물이며, 만인의 스승이다' 인간에게는 부단히 배워야 할 의무가 지워져 있는 것이다.

자기 전에 책을 읽어 주어라

유대 어머니가 아기에게 주는 중요한 시간은 아기를 침대에 누이고 그 곁에서 어린이가 잠들 때까지 함께 있는 밤 시간이다. 이는 아기에게도 마찬가지다.

낮 동안 어린이가 아무리 야단을 맞았더라도, 또 저녁 식탁에서 태도가 나쁘다 하여 아빠에게 심한 꾸중을 들었어도 일단 침대에 들면 가능한 한 정답게 대해 준다. 어린이가 덮고 있는 이불을 여며 주면서

"내일이면 무엇이든지 잘 될 테니 걱정하지 않아도 된다"라고 말해 준다.

그것은 어린이가 잠을 잘 때 불안감이나 근심거리를 갖지 않게 하기 위함이다. 어린이의 하루를 평안하게 마무리하여 주는, 또 내일도 평안할 것을 기원하게 하는 예로부터 오는 습관이다.

그리고 어린이가 깊이 잠들 때까지 잠시나마 엄마는 어린이에게 책을 읽어 준다. 이것은 유대 어머니들이 어린이에게 직접 주는 지적 교육의 하나이다.

어머니가 어린이에게 읽어 주는 책은 유대의 전통에 따라 대개의 경우 구약 성서이다. 물론 성경에는 어린이가 이해할 수 없는 곳이 많으므로 그것을 어머니가 쉽게 풀어서 동화적인 이야기로

> 어린이가 깊이 잠들 때까지 잠시나마 엄마는 어린이에게 책을 읽어
> 준다. 이것은 유대 어머니들이 어린이에게 직접 주는 지적 교육의 하
> 나이다.

들려준다. 어린이들이 가장 좋아하는 것은 영웅들의 이야기이다. 모세의 《출애굽기》, 《다윗과 거인 골리앗》의 이야기 등에 수천 년의 먼 역사를 단숨에 거슬러 올라가서 다치 자신이 그곳에 있는 것처럼 상상의 날개를 편다.

가정에서 뿐만이 아니라 유치원(케델)에서도 어린이들에게 성경 이야기를 들려주는데, 엄마의 '베드 사이드 스토리'와 함께 어린이들에게 풍부한 상상력을 심어 주는 것이다.

예를 들면 러시아 혁명의 사가(史家)로 명성 높은 유대인 아이자크 도이챠는 후일 유치원에서 붉은 수염이 달린 선생님으로부터 《출애굽기》를 몇 번이고 들었다고 회고했다. 그 선생님은 이야기에 자기 나름대로의 수식(修飾)을 넣었는데 그 상상력이 마치 학생들에게 신들린 것처럼 되어 '홍해의 대기와 바다의 향기가 산들바람을 불러일으켰다'라고 그는 쓰고 있다. 교실 안 학생들이 입을 멍하니 벌리고 숨을 죽인 채 앉아 있었다.

취침 전에 책을 읽어 주는 것은 유치원이나 학교 교육을 복습시키는 의미도 크다.

비가 쏟아져도 자녀 마중을 나가지 말라

부모는 자식의 생명이 위험에 처하면 인간의 범주를 벗어나 짐승과 같이 되더라도 부모의 본능대로 자녀를 지키려 한다. 그러나 인간이기 때문에 어떤 경우에는 마음을 억제하고 자녀들에게 가혹하게 다루지 않을 수 없는 경우도 있다. 부모가 자식을 지나치게 보호하려는 태도는 자녀를 위한 일이 못된다.

부모들은 대개 넘어진 아이에게 급히 달려가 손을 내민다. 큰 상처를 입었다면 몰라도 그렇지 않고 한두 군데 벗겨진 정도라면 일으켜 주는 것보다 가만히 서서 혼자 일어나기를 기다리는 것이 자식을 돕는 것이다.

비가 오는 날 마중 나가는 경우에도 그렇다. 부모는 자기 일도 제쳐 놓고 비가 온다고 허둥지둥 우산을 들고 나간다. 약간의 비를 맞는 정도라면 아이들은 비를 맞고 다니도록 하는 것이 좋다. 무슨 큰일이라도 난 것처럼 우산을 들고 허둥거리는 것은 자식을 약하게 만든다.

넘어진 자식에게 손을 내밀고 비가 오면 마중 나가는 어머니는 자식이 대학 입학시험을 치를 때 따라가서 학교 정문 밖에서 초조하게 서성대는 경우가 많다. 대학생이 될 정도로 자란 아들한테 어린애 취급하면 사회에서도 어린이 취급을 받고 싶어한다. 그러

> 부모는 자기 일도 제쳐 놓고 비가 온다고 허둥지둥 우산을 들고 나간
> 다. 약간의 비를 맞는 정도라면 아이들은 비를 맞고 다니도록 하는
> 것이 좋다. 무슨 큰일이라도 난 것처럼 우산을 들고 허둥거리는 것은
> 자식을 약하게 만든다.

나 사회는 냉혹하여 부모에게 받는 사랑을 받지 못한다. 그때 자
식은 좌절하기 쉽고 용기를 잃는다. 그러므로 자력으로 모든 것을
해결하는 힘을 어려부터 길러 주어야 한다.

전국 시대의 무사(武士)는 싸움터로 나갈 때 자식이나 딸에게
부모로서 하기 힘든 가혹한 말을 남기고 갔다고 한다. 그것이 결
국 자식들의 입장에서 본다면 한 사람의 사내로서, 또는 여자로서
부모에 대한 경의를 품게 하는 것이 된다.

넘어진 애의 손을 잡고 도와서 일으키는 것은 따뜻한 마음씨이
다. 비가 올 때 어린이에게 우산을 갖다 주는 것도 인자한 어머니
마음이다. 그러나 그것을 억제하는 편이 진정한 부모로서의 책임
을 다하는 것이라는 사실도 알아두어야 한다.

전학했을 때 주위에 맞추도록　강요치 말라

　어린이에게 전학만큼 싫은 것은 없다. 전학은 어린이에게 미지(未知)의 공포와 불안을 안겨 주기 때문이다. 어린이가 전학하는 것은 어른이 국적을 바꾸는 것보다 더 큰 변화이며 이질적인 세계로의 전입(轉入)인 것이다.

　그러한 세계에 안주(安住)하기 위해서 그 이질성에 대해 어린이가 동화(同化)하는 일은 당연한 본능이지만 그 동화를 바라고 안주하기를 바란 나머지 그 이전의 세계에서 지켜온 어린이의 개성을 필요 이상으로 타협하고 꺾이는 것은 가슴 아픈 일이다.

　어리석은 부모는 어린이가 어린이의 자존심이나 개성　때문에 주변과 기질이 맞지 않아 고립되는 것을 염려해서 자녀에게 자존심을 꺾도록 권하는 것을 본다.

　옛날 이름 있는 어느 장군이 이사를 했다고 한다. 그런데 그 동네 아이들이 너무 거칠고 무례하여 물들까 봐 집을 팔고 서울로 이사했다고 한다. 맹모삼천(孟母三遷)과 같다고 할 수 있으나 그렇게 쉽게 자식을 위한다는 이유로 이사를 한다는 것이 쉬운 것이 아니다.

　아이들은 달라진 환경 속에서 개성을 손상시키지 않고 스스로 상처 없이 자연적으로 동화하도록 지켜 주었어야 한다. 어떤 경우는 어린이가 자기 나름대로 자존심을 가지고 있어서 그로 인해 고립되기도 한다. 그럴 때 그 상황에서 벗어나려 할 것이 아니라 아이에게 잘한 일이라고 격려해 주어야 한다.

어떤 아이가 초등학교 4학년 때 전학을 했다. 지금까지 살던 곳이 좋아서 급우들에게 그 이야기를 했더니 새로 만난 아이들이 촌놈이라고 놀렸다. 그 아이는 화가 치밀어 약을 가장 많이 올리는 녀석을 한 주먹에 때려 눕혔다. 그랬더니 그 아이는 기가 죽어서 더 이상 까불지 못하고 무서워했다. 나중에 알고 보니 그가 그 학년에서 가장 못되게 구는 개구쟁이 대장이었다.

먼저 살던 고향을 자랑하다가 생긴 난폭한 행동이 오히려 역전해서 주변에 큰 변화를 일으켰다. 그 아이가 숨을 죽인 뒤부터 소란스럽던 학교 안이 조용해진 것이다.

전학은 부모의 생각 이상으로 어린이에게 커다란 변화를 준다. 어린이는 어른처럼 쉽게 변화에 적응하지 못한다.

환경에 순응하지 못하는 데에 개성이 있으며 어린이다운 데가 있는 것이다. 부모는 그것을 충분히 이해하고 어른들처럼 쉽게 익숙해지지 않는다고 동화를 강요해서는 안 된다.

다만 어린이가 순응하지 못하고 주변과의 괴리(乖離)에 고민하는 것을 부모가 살펴 새로운 사회에서 어린이가 심리적 손상을 입지 않도록 배려해야 한다.

자녀의 천재성을 살려라

심리학자 차알 브토우는 "비범한 사람과 평범한 사람의 차이는 유년기에 그가 특이한 호기심을 가지고 있었느냐 없느냐에 달려 있다."라고 했다.

우수한 사람과 평범한 사람의 차이는 호기심이라는 특질이 있고 없음에 달려 있다. 우수한 사람은 이 특질을 갖지 않은 사람이 없고 평범한 사람은 그 특질이 없다.

모든 어린이는 위인(偉人)의 특질을 가지고 있다. 그것이 없는 어린이는 없다. 그러나 평범한 부모나 어른들이 그 어린이의 특성을 발견치 못하는데 문제가 있다. 때로는 그 특질을 묵살시킴으로 어린이가 평범하게 자라고 만다.

특이한 천성을 말살하려는 어른들의 시도에서 벗어나는 어린이는 그야말로 숙명적 천재인 것이다. 대개는 어린이가 가진 천성을 어른들이 평범한 개성으로 이끌어 운명을 바꾸어 놓고 만다.

한 유명한 화가의 일화(逸話)가 있다. 그 화가가 어린 시절에 그림을 그리는데 너무 골몰했기 때문에 그 부모는 그를 꾸짖고 절에다 맡겨 버렸다. 그러나 그는 계속해서 그림만 그리기 때문에 하는 수 없이 타이르다 못해 손을 묶어 놓았다. 그랬더니 그 아이는 울면서 흘린 눈물로 마치 살아 있는 쥐처럼 발가락으로 그림을

> 어린이는 부모와 전혀 닮지 않은 엉뚱한 재능을 가지고 있다. 부모가
> 자기의 부족한 재능에 눈높이를 맞추고 어린이의 특성을 억제하는
> 것은 큰 실수이다.

그려 놓았다고 한다. 그것을 본 스님이 경탄하고 그의 천재성을 인정했다고 한다.

그 화가의 이야기만이 아니다. 어린이는 부모와 전혀 닮지 않은 엉뚱한 재능을 가지고 있다. 부모가 자기의 부족한 재능에 눈높이를 맞추고 어린이의 특성을 억제하는 것은 큰 실수이다.

자녀의 외모는 부모와 닮았지만 내적 인간은 부모와는 다르다. 부모가 가끔 '자기를 닮지 않았다'는 말을 할 때는 부모가 자녀를 남한테 자랑할 때 쓰는 사치성 발언이다. 그러나 일반 부모들은 자랑해야 할 가치가 있는 자녀의 재능을 어리석게도 자기와 비교해서 말살시키는 예가 많다.

부모가 자식에게 진 의무는 자식이 일생 동안 체면 꺾이지 않고 돈벌이가 잘 되는 일거리를 마련해 주는 것이라고 생각한다. 바로 그 점이 문제다.

자식이 그림을 좋아해서 그림을 그리면 부모는 배고픈 길을 가려고 한다고 못하게 한다. 그리고 억지로 대학을 가야 한다고 부모가 선호하는 학과를 선택하도록 강요한다. 그리하여 타고난 재질을 버리고 좋아하는 그림을 단념하게 만든다.

결국 아들은 자라서도 그림을 계속했더라면 지금보다는 대성했을 것이고 행복할 것이라는 생각을 하면서 부모를 원망하게 한다.

아이한테 어려운 질문에만 대답하라

어린이는 아무나 어른이 곁에 있으면 조금만 생각해도 알 수 있는 문제를 어른한테 묻는다. 어른들은 그것을 당연한 것처럼 친절하게 일일이 대답해 준다. 그것이 과연 옳은 것일까?

아이들은 모르는 문제를 부모한테 물으면 무엇이든지 해결할 수 있다는 생각을 가짐으로써 자력으로 해 볼 생각을 하지 않는다. 그래서 연구심이나 향학열을 잃고 의뢰심만 생기게 된다. 어떤 질문을 받으면 자녀가 그 문제를 혼자 풀 수 있는지 연구하게 해 본 다음 도저히 못할 경우에만 대답해 주어야 한다.

질문 내용에 달려 있지만 아이들이 그 문제의 답을 80~90%까지 이해하고 있을 때는 혼자 답을 찾을 수 있도록 약간의 암시만 주는 것이 좋다.

만약 그 질문에 대해 부모가 모를 때는 아는 척하고 꾸며대서는 안 된다. 모르는 문제는 당당하게 '모른다'고 하고 함께 답을 연구해 보는 것이 옳다. 질문에 대답하지 못한다고 해서 부모의 체면이 손상되는 것도 아니다. 그런 경우 부모와 자식이 협조해서 어려운 문제를 해결했을 때의 기쁨은 배가 되고 부모 자식간의 사랑과 신뢰 관계가 좋아진다.

어떤 부모는 자녀들이 묻는 질문 이외의 문제까지 아는 척하고 대답해서 어린이에게 자기의 현학(衒學)을 과시하는데 그것은 교육적으로 도움이 되지 못 한다.

그런 생각이 있으면 부모가 반대로 자식한테 질문하여 모르는 것을 찾아 설명해 주는 것이 좋다.

가령 초등학교 6학년 아이가 말하다가 '연애'라는 말을 쓰는데 그 뜻이 무언인지 분명히 파악하지 못하고 쓰는 것 같을 때 "연애라는 게 무슨 뜻이냐"고 물어 본다. 대개는 제대로 대답하지 못한다. 그럴 때 그것은 한 남자가 한 여자를, 혹은 한 여자가 한 남자를 몹시 좋아하는 것이라고 말해 주면 된다. 그렇듯이 아이들은 확실하게 뜻을 모른 채 쓰는 말이 많다.

그럴 때 덧붙여서 "너도 언젠가는 누구를 좋아하게 된다. 연애를 하게 된다는 말인데 그럴 경우에는 엄마보다는 아빠한테 먼저 말해야 한다"고 말한다. 아들이 왜 그렇게 해야 하느냐고 반문하면 "그것은 아빠와 너는 같은 남자이기 때문이다"라고 말해준다. 그러면 아들은 아주 당당하고 밝은 표정이 된다.

어린이가 막연하게 의미를 모르면서 쓰는 말이나 어떤 일이 있을 때는 부모가 질문하여 그 말을 바로 알고 쓰는지 확인할 필요가 있다. 만약 모르고 쓰는 것 같으면 확실하게 설명해 준다. 그러면 마음 한 구석에 찜찜하던 의문이 깨끗이 씻기어 기분이 좋아진 자녀는 부모에 대한 신뢰감까지 갖게 된다.

무엇이든 최선을 다하라고 가르쳐라

유대인은 어린이의 장래에 대해 아무것도 강요하지 않는다

유대인들은 자녀의 장래에 대하여 아무런 희망을 품지 않으려
한다. 예를 들자면 자녀에게

"너는 의사가 되어라. 교수가 되거라." 하고 말하지 않는다.

학문 연구와 공부는 강요하지만 그 목적은 '무엇이 되기 위해서'
하는 것이 아니다. 학문은 그 자체가 목적일 뿐이지 수단은 결코
아니기 때문이다.

또 어린이의 장래 직업은 어린이 자신의 행복과 관계되는 것이
므로 부모가 함부로 강요할 수 없다는 것이다. 그런 까닭으로 공
부 이외의 예능 따위에 대해서는 전혀 강제로 시키는 법이 없다.
피아노에 대해서도 바이얼린에 대해서도 어린이가 배우고 싶다면
가르치고 싫다면 그것으로 그만이다.

'이것은 무슨 일이 있더라도 가르쳐야 한다'는 등의 생각을 하지
않는 것이다. 부모가 자식에게 할 수 있는 말은

"싫은 일은 강요하지는 않는다. 다만 네가 하고 싶은 일은 능력
껏 열심히 하라"고 말한다. 만약 어린이가 스스로 선택하여 무엇
인가를 하고 싶다고 하면 부모는 그 일을 후회 없이 최선을 다하
도록 지원하고 충고한다.

학문 연구와 공부는 강요하지만 그 목조은 '무엇이 되기 위해서' 하는 것이 아니다. 학문은 그 자체가 목적일 뿐이지 수단은 아니다

자녀의 의사와 관계없이 부모가 멋대로 정하고 가르치는 것과는 질이 다른 것이다. 러시아계 유대인으로 〈웨스트 사이드 스토리〉의 영화 음악 등으로도 유명한 작곡가 레너드 번스타인의 아버지는 아들이 피아노 배우기를 간청했을 때, 집 가까이에 살고 있는 여선생에게 한 시간에 1달러씩 주고 레슨 받는 것에 동의했었다고 한다.

레너드는 몸은 약했다. 그러나 의지가 강하여 자신의 용돈을 절약해서 선생님께 사례까지 하면서 피아노를 배웠던 것이다. 또 알베르트 아인슈타인은 7세 때부터 바이올린을 시작했는데, 레슨 시간이 긴 탓으로 지루한 것이 싫어 1년 배우다가 중단해 버렸다. 그러나 2~3년이 지난 어느 날 이번에는 그 자신이 모차르트의 곡을 익히고 싶어져서 다시 한 번 레슨 받기를 시작했다고 한다. 그래서 그는 평생 동안 바이올린을 사랑하게 되었다는 유명한 일화가 있다.

항상 '왜' 라는 의문을 갖게 하라

어린이는 아무리 사소한 일도 그 의미를 모르면 '왜?'라는 의문을 갖는다. 그것이 어린이가 성장해 가는 증거이다. 그러므로 어린이 마음속에는 성장한 어른들과 비교할 수 없는 인간으로서의 무한한 가능성이 있다.

그러나 나이가 들면서부터 필요 없는 인간적인 겉치레가 생기고 의문점을 솔직하게 털어놓아야 할 습관을 잃어버리고 만다.

인간을 현명하게 만드는 것은 미래에 대한 기대이다. 어떤 일에 대해 '왜?'라는 의문을 갖게 되면 인간은 미지(未知)의 세계에 도전하게 되며 그것이 인생의 폭과 깊이를 더하여 준다.

부모는 자녀들이 얼마만큼 알고 있는가를 자랑으로 삼지 말고 어린이가 어느 정도 빈번하게 '왜?'라는 의문을 품는가를 지켜보아야 한다. 그리고 그에 따라 어린이의 가능성을 발견해야 한다.

많은 부모가 자녀들이 '왜?'라는 의문을 갖기 전에 복잡한 것들을 사전을 외우듯이 암기시키려고 한다. 이러한 지식은 어린이의 본능적인 '왜?'라는 의문을 풀어주지 않았기 때문에 마치 빌려 입은 양복과 같은 것이다.

가끔 어린이가 '왜?'냐고 물으면, 갑자기 설명하기가 곤란해서 어른들은 애매한 대답을 하면서 "내 말을 마알겠느냐?"고 되묻는

인간을 현명하게 만드는 것은 미래에 대한 기대이다. 어떤 일에 대해 '왜?'라는 의문을 갖게 되면 인간은 미지(未知)의 세계에 도전하게 되며 그것이 인생의 폭과 깊이를 더하여 준다.

다. 그러면 어린이는 어른의 애매한 해답에 대해 다시 한 번 '왜?'냐고 묻게 되어 어른을 난처하게 만든다. 어른들은 그때 다시 묻는 질문을 귀찮다고 생각하지 말고 자기 스스로가 결국 질문한 사실에 대해 본질적으로 이해치 못한 점을 부끄럽게 여겨야 한다.

대학 교수의 질문에 대학의 학자를 만족시킬 해답을 주는 것보다 어린이의 물음에 만족을 주는 대답을 할 수 있는 것을 자랑으로 여기고 자신을 가져야 한다.

어린이는 '왜'라는 의문을 푸는 과정에서 어른들이 하는 것처럼 적당한 타협은 없다.

자식들에게 '왜? 왜?'라고 질문을 받으면 난처할 때가 있다. 가령 꼬마가 "왜 자동차가 움직이지?" "그것은 차바퀴가 있기 때문이다." "바퀴는 왜 돌아가지?" "엔진이 있기 때문이다." "엔진은 왜 돌아가지?" "휘발유가 타면서 기계를 움직이기 때문이다." "휘발유가 타면 기계가 왜 움직이지?" "그건……"

대답이 막힐 때는 "사람이 밥을 안 먹으면 움직일 수 없는 거와 같다"라고 대답해 주면 된다.

　아이들은 모르는 문제를 부모한테 물으면 무엇이든지 해결할 수 있다는 생각을 가짐으로써 자력으로 해 볼 생각을 하지 않는다. 그래서 연구심이나 향학열을 잃고 의뢰심만 생기게 된다. 어떤 질문을 받으면 자녀가 그 문제를 혼자 풀 수 있는지 연구하게 해 본 다음 도저히 못할 경우에만 대답해 주어야 한다.

CHAPTER 8

강건한 육체로 단련시켜라

걷기가 건강에 좋다는 것을 가르쳐라

요즘 어린이들은 게을러져서 어릴 때 많이 해야 할 신체활동에 너무 소홀하다. 어린이 때 걷지 않고 어떻게 건강한 신체로 성장할 수 있을까. 어린이 때 많이 걷는 가치는 육체적인 단련 외에 발로 지상의 거리감을 몸에 익히는 데 더 큰 의미가 있다.

아무리 교통이 발달하더라도 인간이 돌연 예기치 않은 상황에 빠지게 되면 제 발로 걷고, 또 뛰지 않으면 스스로를 구하지 못하는 경우가 있다. 사람은 걷는 힘도 중요하지만 자신이 걷는 거리감을 자신이 확인하는 본능을 잃지 않도록 해야 한다.

요즘 부모는 자녀들을 걸리지 않으려고 한다. 그리고 자동차로 학교도 가고 친척집에도 자동차로 다니는 것을 자랑으로 여긴다. 그것은 바로 부모의 허영심을 만족시키는 어리석은 짓이다.

어떤 아버지는 아이들이 아침에 이웃 동급생 아버지의 차에 편승하는 것은 용납하지만 귀가시에는 반드시 걸어 오도록 한다. 그런데 아이들이 차타는 습관이 몸에 배어 비가 오거나 눈이 오면 택시를 타고 돌아오는 날이 있다.

그것을 엄히 금하는 아버지는 택시 요금을 아이들의 용돈에서 부담하도록 한다. 그러면 아이들은 적당히 구실을 붙여 택시 요금을 타내려고 한다. 그래도 그 아버지는 뜻을 굽히지 않는다.

어린이 때 많이 걷는 가치는 육체적인 단련 외에 발로 지상의 거리감을 몸에 익히는 데 더 큰 의미가 있다.

우리가 어린 시절은 어떠했던가. 과거에는 교통이 매우 불편했다. 차가 없는 먼 거리를 무거운 짐까지 들고 메고 걸었다. 그 당시에는 좀 힘들었지만 그런 일을 통하여 신체가 건강해졌고 인내심이 생겼다. 그리고 나이가 들어서는 즐거웠던 일 못지않게 괴로웠던 추억도 그리움으로 남는다.

지금은 전국 곳곳에 시내버스가 있고 동네에는 마을버스가 있어서 교통이 말할 수 없이 발달되었고 편하다. 지방 도시에 가서 길을 물으면 무조건 택시를 타라고 가르쳐 준다. 먼 거리인가 하여 타고 보면 두 정거장 거리이다. 어른들은 서울에서 두 정거장 정도는 가볍게 걷는 거리다.

서울 아이들 가운데는 200미터도 안 되는 학교 길을 마을버스를 타고 간다. 그것도 엄마가 차에 밀어 올리면서 태운다. 아이는 비비고 올라가 한 정거장 가서는 낑낑거리고 내리느라 애를 먹는다. 그런 아이들을 보면 한심한 생각이 든다.

우리도 네덜란드처럼 자전거 길기라도 잘 만들어 주면 아이들이 얼마나 좋아할까. 유럽 축구 선수들이 다리 힘이 좋은 것은 어려서부터 자전거를 타고 다녔기 때문이다.

어려서부터 걷는 버릇을 들여주는 것은 보약을 먹인 것보다 건강에 좋다.

산과 바다 등 자연의 두려움을 가르쳐라

우리 일상생활이 기계화되고 물질화되어 인간이 자연에서 멀어져 가고 있다. 그러나 인간은 언제 어느 때 자연의 위력을 만나게 될지 모른다.

자연이 가지고 있는 힘의 법칙을 분별하고 인식하는 것은 매우 중요하다. 우리는 그 법칙을 따라 자연의 이치를 익히고 응용하지 않으면 안 된다.

아무리 큰소리를 치는 사람도 대자연의 위력 앞에서는 자기가 얼마나 작고 보잘것없는 존재인지를 알게 되고 도모(圖謀)하는 모든 것이 천박하다는 것을 느끼게 된다.

어떤 철학자는 '인간은 보이지 않는 존재의 실재를 감득(感得)할 능력을 가지고 있다'고 했다. 산이나 바다를 보면서 그것이 주는 신비함과 그것들의 영원함과 신성(神性)을 느끼는 것이 그것이다.

일상생활 속에서 느낄 수 없는 숭고한 감정을 우리는 대자연 속에서 발견한다. 그것은 도시의 복잡한 생활과 인간끼리의 경쟁과 시비 속에서 대단하게 생각했던 것들이 아무 의미가 없는 초라한 것임을 느끼게 해준다. 대자연은 우리가 전혀 알지 못한 깊이와 넓이를 가르쳐준다.

유성(流星)에 대하여 부모가 가르쳐주는 한 마디에서 자녀들은 무한
한 인생의 넓이와 깊이와 신비성을 배운다

어떤 요트 승무원 이야기다. 그는 연조가 깊은 만큼 바다에서
수많은 공포와 대자연의 광폭함을 맛보아 그 위력을 알고 있었다.
두 척의 배와 한 생명을 잃은 요트 레이스에서 그는 정장(艇長)으
로서 승리를 눈앞에 두고 경기를 포기하고 바다에서 돌아왔다.

다음날 다른 배의 조난 소식을 들었을 때 그는 거친 바다에서
내린 판단이 옳았다는 것을 알았다. 그것은 바로 자연의 위대함
앞에 순응할 줄 아는 겸손이었다. 그는 이렇게 말했다.

"그때 나의 큰아들을 데리고 갔더라면 항해나 시합에서 풍향과
조수의 흐름을 아는 것이 얼마나 중요한 것인가를 가르쳐 줄 수
있었을 것이다."

유성(流星)에 대하여 부모가 가르쳐주는 한 마디에서 자녀들은
무한한 인생의 넓이와 깊이와 신비성을 배우는 것이다. 형편이 허
락만 한다면 아버지는 자식들을 산과 바다로 데리고 나가 그 아름
다움과 신비를 맛보게 하는 동시에 그것이 안고 있는 두려움이 어
떤 것인가를 충분히 인식시킬 필요가 있다.

유명 유원지보다 무명 전원을 찾아라

많은 부모들이 휴일이면 아이들을 데리고 복잡한 유원지를 찾는다. 평소 아이들도 사람 속에 파묻혀 살다가 갖는 휴일이니 가족끼리 야외로 나가 아름다운 자연과 더불어 하루를 보내는 편이 바람직하다.

어린이가 전원보다는 유원지를 원하는 것은 그것이 아이들에게 친근하기 때문일 뿐 아이들은 어디를 가든 그곳에 적응하여 나름대로 즐겁게 논다. 그러므로 일반 유원지보다는 놀이터가 아닌 자연 속에서 놀이 방법을 생각하는 편이 좋다.

유원지는 이미 준비되어 있는 시설에 맞추어야 하므로 강제적이다.

휴일엔 전원으로 가면 어린이가 자연 속에서 즐기는 법을 생각하기도 하고 풀밭에서 뒹굴기만 해도 좋다. 그 결과 어린이는 부모의 진정한 휴식과 안식의 기쁨을 맛보게 된다.

산과 들로 데리고 가서 자연 속에 파묻히는 것을 거부하고 유원지에서 일반적인 놀이를 고집하는 아이가 있다면 그것은 이제까지 부모가 버릇을 잘못 가르쳤거나 교육이 틀린 때문이다. 그러므로 서둘러서 그러한 습관을 고쳐주어야 한다.

파리 시내의 큰 공원은 거의가 포장되어 있지 않고 흙을 그대로 휴일엔 전원으로 가면 어린이가 자연 속에서 즐기는 법을 생각하기도 하고 풀밭에서 뒹굴기만 해도 좋다. 그 결과 어린이는 부모의 진정한 휴식과 안식의 기쁨을 맛보게 된다.

보존하고 있다. 그래서 일요일에는 그 공원에 나가 어린이들과 흙장난을 하며 "흙이다, 흙이다!"라고 함성을 지르며 기뻐한다. 그것을 이상스러운 일이라고 웃어넘겨서는 안 된다.

도회지 사람들은 꽉 짜인 도시의 틀 속에서 인간이 누려야 할 자연의 교감을 잃어 가고 있다. 옛날부터 노래로 불리고 글로 표현된 인간의 마음을 매만져 주는 것은 푸른빛이 넘쳐흐르는 전원이었다. 전원이나 대자연 이외에 이브다 마음의 평안을 주고 휴식을 주는 것이 어디 있을까? 인간과 자연은 본질적으로 하나이므로 자연으로 돌아가는 데서 인간은 완전한 휴식을 취한다.

여행안내가 잘 되어 있는 현대는 얼마든지 조용히 자연을 즐길 수 있는 곳을 찾아갈 수 있다. 그리고 각 가정은 대부분 차가 있어서 자유롭게 가까운 곳이나 들로 나갈 수가 있다. 굳이 도심지를 옮겨 놓은 듯한 자동차 홍수에 밀리면서 행락지로 가는 것은 피로를 더할 뿐이다.

자연의 기호(嗜好)에 맞게 도회 근처에 있는 무명의 녹지대를 찾아가 자연 속에서 가족끼리 즐기는 것이 좋다. 때로는 이름 없는 바닷가나 숲에다 가족만이 알 수 있는 이름을 붙이고 가족만의 마음의 지도를 만들어 놓는다면 아이들의 상상력이 얼마나 아름다워질는지 상상만 해도 가슴이 뿌듯하지 않은가.

아이와 경기할 때 어른은 꼭 이겨야 한다

아이들과 경기를 할 때 어른들은 대개 자기 능력을 줄이고 어린이의 체면을 세워 주느라고 져준다. 그것이 과연 어린이를 위하는 것인지 생각해 볼 문제다.

어린이는 어른에게 양보 받아 이긴 게임에서는 아무것도 얻지 못한다. 아이들에게 철저히 이김으로써 그들의 마음속에 어른에 대한 열등감을 갖게 되고 투지를 느끼고 노력하여 장차는 어른을 이기겠다는 의지를 갖게 된다.

아버지는 자녀들이 어려서부터 성장한 후까지도 스포츠를 통하여 철저하게 승부를 가리는 정신을 길러주어야 한다. 어렸을 때는 쉽게 이기던 아들이 점차 성장하여 부모 형세가 불리해지고 나아가서는 대등한 수준에 이르고 마침내는 감당할 수 없는 아들의 힘에 정말 패할 때, 아버지는 부모로서의 완전한 행복감을 느끼게 된다.

스포츠뿐 아니라 게임을 할 때에도 부모는 철저하게 싸워 이겨야 한다. 스포츠와는 달라서 게임에서는 상대의 육체가 연약하더라도 부모는 자녀에게 패하기 쉽다. 특히 아버지 혼자서 자식들 여럿을 상대하여 하는 게임은 부자지간이라는 입장을 떠나 혼자서 이길 수 없는 상대에 대하여, 자녀들이 힘을 합해서 이긴다고

> 어린이는 어른에게 양보 받아 이긴 게임에서는 아무것도 얻지 못한
> 다. 아이들에게 철저히 이김으로써 그들의 마음속에 어른에 대한 열
> 등감을 갖게 되고 투지를 느끼고 노력하여 장차는 어른을 이기겠다
> 는 의지를 갖게 된다.

하는 협동심을 기르게 하는 효과도 기대할 수 있다.

장기에서 자식들 연합군에게 패했을 때, 자식들이 터뜨리는 승리의 함성 속에서 자식들이 장래 힘을 합하여 일을 완성했을 그때에 올리는 함성을 상상해 보면 기쁠 것이다.

그것이 부모의 자만심이고 아이들의 응석을 받아 주는 효과가 아닐까?

젊은 부모들은 자식과의 스포츠 게임에서 자식들에게 양보함으로써 자식들의 용기와 의욕을 북돋워 주는 것이라고 착각하는 예가 많다. 이것은 부모가 자식들의 비위를 맞춰 주는 어리석은 짓일 뿐 자식들을 나약하게 만드는 역효과만 가져온다.

자식에게 좋은 음식만 먹이지 말라

어린이는 맛있는 음식만 찾고 맛있는 음식을 주면 과다하게 먹고 비만이 된다. 영양가 좋은 음식만 제공하는 것은 과다한 체중을 만든다. 비대한 육체는 연약한 신체가 된다.

한 집에서도 과식하는 아들은 몸집이 크고 소식하는 아들은 몸집이 작다. 그러나 건강을 체크해 보면 과식하지 않고 규칙적인 식사를 하는 아이는 말랐지만 근육이 강하다.

어려서 소식하는 아이는 병에 걸리는 확률이 낮다. 건강을 유지하는 것은 결국 영양이 다가 아니라는 증거다. 옛날 명승(名僧)들도 조식(粗食)으로 장수했고, 음식점 주인이 오래 사는 사람이 드물었다.

그렇다고 일생을 조식으로 일관할 필요는 없다. 다만 어렸을 때 맛있는 것만 과잉 편식하여 비대하게 만드는 것은 어린이의 장래를 해치는 결과가 될 수도 있다는 말이다.

식사 제공은 남자와 여자가 달라야 한다. 고이스미(小泉)의 딸이 저술한 회상기에 '아버지는 여자 아이가 어떤 곳으로 시집을 갈지 모르므로 젊어서 충분히 미식을 즐기게 하면 성질이 난폭한 시어머니가 되지 않고, 역경에 처해서도 사치한 생활에 현혹되지 않고, 가난한 중에서도 참아낸다. 그러나 사내아이는 스스로 자신

> 어려서의 미식은 어른이 되어서도 조식에 대한 저항력까지 잃게 만든다.

의 인생을 타개해 나갈 수 있어야 되므로 젊어서는 검소한 생활을 해야 한다. 그래서 우리 자매들은 여러 곳에서 식사를 즐길 기회를 갖게 되었다'고 술회하고 있다.

이것은 개인의 의견이다. 현재와 같은 가정생활에서는 남자 아이와 여자 아이를 구별할 수 없다. 그러나 어린이들을 위하여 미식보다는 조식이 필요하다는 것은 여러 가지 예가 증명하는 바다.

어려서의 미식은 어른이 되어서도 조식에 대한 저항력까지 잃게 만든다. 어떤 사람은 소년 시절 채소밭 귀퉁이에 열린 토마토를 먼 눈으로 바라보며 꾹 참고 익는 것을 기다렸다가 부모님의 허락을 받고 동생과 나눠 먹었을 때 그 맛은 어른이 되어서도 잊을 수 없을 만큼 강열했다고 말했다.

형제 싸움은 끝날 때까지 두어라

형제의 싸움은 달갑잖은 일이지만 저희끼리 싸우다 끝날 때까지 지켜보는 것이 좋다. 부모는 형제끼리 싸우면 부모의 권위를 내세워 싸움을 말린다. 그러나 부모는 왜 싸움이 일어났는지 이유는 잘 모르는 경우가 많다. 아이들이 싸우면 엄마나 할머니가 나서서 꾸짖고 말리지만 그럴 것이 아니라 어른들은 하던 일을 계속하거나 텔레비전을 보며 멀리서 지켜보는 것이 좋다.

형이 동생을 때려서 울리는 데는 무경우가 아니라 형으로서 참을 수 없는 사정이 있을 수 있고, 반대로 힘없는 동생을 깔보고 가하는 형의 이유 없는 횡포일 경우도 있다.

어린이들에게는 어른이 참견해서는 안 될 아이들만의 도리가 있고 무언의 약속이 존재한다. 그 질서를 깨뜨림으로써 어린이 사이에 일어난 질서잡기 싸움에 어른이 개입할 것은 못 된다.

의외로 동생이 형을 울린 경우도 어른은 잠자코 지켜보는 편이 좋다. 세상에 절대 공평이란 없다. 나이 차가 있는 형제간에는 더욱 있을 수 없다. 어린이들은 그들 나름대로 이유가 있어서 싸우는 것이다. 그 싸움을 나쁘게만 볼 것이 아니라 그 과정을 통하여 아이들은 인간 세계의 부조리를 깨닫게 된다는 것도 생각해야 한다. 어른들은 지켜보다가 그 부조리의 한계를 벗어난 무리한 행동을 할 때 비로소 나서서 타이르는 것이 좋다.

어떤 아이가 동생과 하찮은 일로 싸움을 하고 있었다. 나이는 어려도 체격이 큰 것들이 방안에서 싸우는 통에 집 전체가 쾅쾅 울렸다. 자기 힘으로 말릴 수 없던 어머니는 싸움을 지켜보다가 비장해 두었던 단도를 내던지며 "이걸로 좋을 대로 해라!"고 소쳤다. 맞붙어 싸우던 형제 앞에 떨어진 칼집에서 번쩍하고 빛이 나는 순간 형제는 맥이 빠져 파랗게 질린 얼글로 주먹질을 멈추었다. 형제간의 싸움이란 이런 것이다. 형제가 아니었더라면 어느 쪽이든 적의를 품고 단도를 집어 들 수도 있는 것이다.

일반 부모들은 형제가 싸우면 연유를 알지도 못하면서 '나이가 위이니까'라든가, '나이가 아래니까'라는 의례적인 말로 아이들의 싸움을 말린다. 그 말이 아이들에게는 통하지 않는다. 싸움을 하는 한 아무리 나이 차가 있다고 해도 형제의 입장을 떠나 1대 1의 인격끼리 부딪치고 있기 때문이다.

형제간 싸움은 싸울수록 정이 깊어진다. 이것이 형제 사이의 좋은 점이다. 남남끼리라면 평생 얼굴도 보기 싫게 되는데 형제간의 싸움은 태풍이 지난 화원과 같은 것이다. 금방 싸우다가도 그때만 지나면 계면쩍은 얼굴로 화해하고 아무렇지도 않은 사이로 되돌아간다. 그 점이 부모가 개입할 수 없는 미묘한 뉘앙스다.

부모가 공연히 끼어들어 말이라도 편파적으로 잘못하면 오히려 형제간의 우애를 깨고 부모와 감정대립이 되기도 하고 저희끼리의 화해도 어렵게 만드는 결과를 초래한다. 그래서 형제 싸움은 끝날 때까지 두라는 것이다.

아빠 뱀 새끼 용

1. 아들을 얻은 뱀들

파란 풀밭에 색깔이 고운 뱀 두 마리가 엉겨 붙어 말다툼을 하고 있었습니다.

"신(하나님)은 있어."

"없어."

"없다는 증거를 대 봐!"

"없는 건 없는 건데 무슨 증거를 대? 네가 있다고 우기는데 그럼 있다는 증거를 대 봐!"

이때 이상하게 생긴 사람이 나타났습니다.

"너희는 무슨 이야기를 하고 있느냐?"

신은 없다고 하던 뱀이 쏘아붙였습니다.

"상관 말아요. 우리는 사람만 보면 무서워요. 다가오지 말아요."

"그러냐? 그럼 내가 너희들에게 선물을 하나씩 주마."

"선물이라고요?"

뱀은 엉겨 붙어 싸우다가 떨어져 사람을 바라보았습니다.

"그래, 선물을 주마. 너희들은 심심하지?"

"네, 그래서 우리는 만나면 신이 없다는 저 애와 내가 싸움만

합니다."

"알았다. 너희들은 이제 멀리 떨어져 살아도 심심하지 않게 해 주마."

이상한 사람은 주머니에서 새끼용을 꺼내어 하나씩 안겨주었습니다.

"이 둘 중에 하나는 머리가 아주 뛰어나고 하나는 좀 모자라지만 그래도 너희들보다는 낫다. 누가 이 머리 좋은 용을 갖겠느냐?"

"저요."

하나님이 없다고 하는 뱀이 먼저 머리 좋은 새끼용을 잡았습니다. 그러자 사람이 물었습니다.

"그럼 하나님이 있다고 하는 네가 이 머리 나쁜 새끼용을 가져야겠다. 어떠냐?"

"할 수 없지요. 머리가 나빠도 나보다는 좋다고 하시니 그렇게 하겠습니다."

사람이 말했습니다.

"이 길로 너희들은 떨어져 살아야 한다. 그리고 아직 어린용이니까 너희 아들로 삼아야 한다. 알겠느냐?"

하나님이 없다는 뱀이 신이 나서 말했습니다.

"짝이 없어서 장가도 못 갔는데 아들이 생겼으니 고맙습니다. 앞으로 잘 기르겠습니다."

하나님이 있다고 하던 뱀도 좋아하면서 인사를 했습니다.

"감사합니다. 저도 잘 기르겠습니다."

사람이 말했습니다.

"좋다. 그럼 나는 가겠다. 그리고 이담에 너희들이 다시 만나는 날 나도 돌아오마."

사람은 눈 깜짝할 새에 사라졌습니다. 두 뱀은 자기 아들이 된 새끼용을 데리고 각각 길을 떠났습니다.

2. 하나님이 없다는 뱀

하나님이 없다고 하는 뱀은 새끼용을 데리고 산속으로 들어갔습니다. 새끼용은 금방 자라서 뱀보다 몸집이 더 커졌습니다. 용이 말했습니다.

"아버지, 자꾸만 산속으로 들어가시면 어떻게 해요?"

"넌 아버지 말만 따라라. 네가 뭘 안다고 불만이야? 뱀은 산속으로 가야 먹을 것을 구한단 말야."

"아버지, 저는 물이 좋아요. 물가로 가요."

"뱀의 아들이 물가로 가면 안 된다. 뱀은 뱀이 살만한 곳으로 가야 해."

"산속으로 들어갈수록 물이 없잖아요."

"왜 없어? 저렇게 도랑물이 졸졸 흘러가고 있는데 목마르지 않을 만큼 물은 있잖으냐?"

"저는 마시는 물보다 수영을 하고 싶어요."

"뱀 자식은 수영을 하면 못 쓴다. 산속으로 가야 개구리도 많고 들쥐도 많아서 배 안 곯고 살 수 있어. 넌 내 자식이야. 뱀의 자식이란 말이다."

이렇게 말하고 아빠 뱀은 용을 좁은 계곡에서 놀게 하였습니다. 몸집이 커진 용은 이제 아빠 뱀보다 힘도 세었지만 순하게 아빠를 따랐습니다. 산 속에는 겨우 발을 담글 만한 계곡 물이 흐를 뿐이라 헤엄이 치고 싶어도 헤엄을 칠 수가 없었습니다.

그래서 아빠 뱀 모르게 산 아래로 내려가 호수로 갔습니다. 호수는 아주 깊었습니다. 몸집이 큰 용은 산으로만 다녀서 헤엄을 치지 못하고 물에 빠져 죽을 뻔했다가 겨우 살아났습니다.

그것을 본 아빠 뱀이 화를 냈습니다.

"이놈아, 내가 뭐랬어? 뱀의 자식은 뱀 노릇을 해야지 용 흉내를 내면 안 된다고 했잖아"

아빠 뱀은 굵은 줄로 용의 다리를 매어 끌고 다녔습니다. 그리고 먹이를 구해 주며 말했습니다.

"이제부터 넌 내가 잡아 주는 개구리만 먹어야 한다. 알았지?"

3. 신을 믿는 뱀

한편 신이 있다고 주장하던 뱀은 새끼용을 데리고 강가로 갔습니다. 그리고 용이 다 자라기까지 정성껏 먹이를 구해 기르고 말했습니다.

"나는 뱀이지만 너는 용이다. 너하고 나는 달라. 이제부터 저 깊은 강에 들어가 헤엄을 치고 물을 마음껏 마신 다음 힘차게 토해내는 연습도 하여라."

"아버지, 나는 용이지만 아버지 아들이니까 아버지처럼 뱀 노릇을 하고 싶어요."

"안 된다. 뱀은 뱀이고 용은 용이야. 네가 할 일이 따로 있다. 내 흉내를 내면 너는 용의 구실을 할 수 없다."

"그렇지만 나는 깊은 물이 무서워요."

"처음에는 무섭지만 헤엄을 치고 물과 친하다 보면 네가 할 일이 무엇인지 깨닫게 된다."

이렇게 말을 한 아빠 뱀은 용을 강물 속으로 밀어 넣었습니다. 용은 깜짝 놀라 물속으로 가라앉았다가 헤엄을 치고 나왔습니다.

"아버지, 너무 하시잖아요?"

"너무한 것 없다. 다시 들어가 봐. 강보다 더 넓은 바다도 있어. 너는 강을 휘젓고 바다에 들어가 큰 파도도 일으켜야 한다. 그게 용이 할 일이야."

새끼용은 날마다 아빠 뱀을 따라다니며 강과 호수에서 헤엄치는 연습을 했습니다. 용이 다 자랐을 때 아빠 뱀이 말했습니다.

"저 호수 가운데로 가서 물을 뒤집어엎어라. 그리고 물보라를 일으키며 하늘로 솟아올라 봐."

"날개도 없는데 어떻게 하늘로 올라갑니까."

"염려 마라. 날개가 없어도 용은 물과 구름을 타고 올라갈 수 있는 거야."

"올라갔다가 떨어지면 어떡하고요?"

"떨어지게 되면 강이나 호수를 보았다가 그리로 떨어지면 된다. 그럴 때 신이 너를 보호해 줄 거다. 나는 그럴 때 신이 돕는다는 것을 믿기 때문에 신이 있다고 하는 거다. 아무 염려 마라."

이렇게 하여 강과 호수에서 자란 용은 아빠 뱀의 생각대로 굉장한 힘을 갖추었습니다. 아빠 뱀이 이렇게 말했습니다.

"지금 저 산속 동네는 가물어서 농사를 지을 수가 없고 나무와 풀은 모두 시들어 죽고 동물들도 목이 타 죽어가고 있다. 그러니 내일은 네가 큰일을 좀 해야겠다."

"어떻게요?"

"내일 한낮에 저 깊은 강으로 들어가 힘껏 물을 휘저어 하늘로 올려라. 그리고 구름을 일으켜 끌고 산 속 마을로 가서 물을 뿌려라."

"제 힘으로 될 수 있을까요?"

"되고도 남는다. 나는 이제 그 마을로 가서 네가 물구름을 몰고 올 때까지 기다리겠다."

4. 용과 가뭄

아빠 뱀은 신에게 기도를 하고 길을 떠났습니다. 그리고 가뭄으로 타들어가는 마을 계곡으로 갔습니다. 계곡물은 마르고 작은 호수가 하나 있는데 그것마저 말라 바닥이 쩍쩍 갈라져 있고 사람들은 지쳐서 하늘만 바라보고 있었습니다.

신이 있다고 믿는 뱀은 아들 용이 물구름을 몰고 올 것으로 믿고 메마른 숲을 헤집고 들어갔습니다. 그런데 한 곳에 자기 아들만큼 큰 용이 쓰러져 헐떡거리고 있었습니다. 그리고 곁에 친구 뱀이 늘어져 눈만 껌벅거렸습니다.

"이 친구야. 어떻게 된 거야?"

친구 뱀은 힘이 없어서 말도 제대로 못 했습니다

"어어, 넌넌?"

"그래 나야 나. 이 옆에 쓰러진 용은 네 아들이 아니냐?"

"그래, 저 애도 다 죽게 되었어."

"가뭄이 심해서 사람들도 굶어 죽을 판인 것 같더라. 그래서 내가 이리로 온 거야. 네가 이런 모양으로 있을 줄은 몰랐다."

"넌 얼굴이 좋구나. 어디 살다 왔니?"

"내일 낮에는 큰 비가 내려서 사람들과 풀과 너희들이 살아나게 할 거다."

"그걸 어떻게 믿어?"

"넌 못 믿는 게 병이야. 제 고집대로만 생각하니 이 지경이지."

"넌 아직도 신이 있다고 생각하는 거냐?"

"암."

"신이 있다면 이렇게 사람이고 나무와 풀 동물이 다 죽도록 버려둔단 말이냐?"

"신은 살아 있는 것들이 죽지 않을 만큼 고생을 시키다가 살려준다고 했다."

"넌 한심한 소리만 하는구나. 신은 원래 없는 거야."

"누구나 신이 없다고 말하면 신도 그를 버리지만 자기를 믿어주는 대상은 신도 그를 버리지 않는다는 말 못 들었는가?"

"그거야 너 같은 광신자들이 하는 소리잖아."

"내일 한낮까지만 죽지 말고 살아 있거라. 그러면 산다."

5. 용의 위력

다음 날 한낮이 되었습니다. 산 너머에서 시커먼 구름이 몰려오며 소낙비를 퍼붓기 시작했습니다. 비가 내리자 시들었던 풀들이 어깨를 세우고 일어나고 죽을 듯 쓰러져 있던 동물들이 일어나 계곡에 흐르는 물을 마시며 생기를 찾았습니다. 농부들은 들로 나가 농사준비를 했습니다.

뱀 옆에 쓰러져 죽을 듯하던 친구 아들 용이 일어나 물을 받아 마시고 힘을 내어 아빠 뱀 곁으로 왔습니다. 이때 안개가 자욱한 속에서 커다란 용이 머리를 내밀고 아빠 뱀 옆으로 내려왔습니다.

"아버지, 정말 신기합니다. 아버지 말대로 물을 휘저었더니 큰 구름이 일어나고 그 위를 제가 날아오를 수 있었습니다."

"그게 다 신이 도우시는 힘이다. 신에게나 감사드려라. 그리고 이 뱀은 내가 젊었을 때 절친한 친구였다. 그리고 이 용도 네 친구야."

이때 살아난 동물들이 모여들어 구름을 타고 내려온 용에게 감사드렸습니다. 그리고 나무도 풀도 파란 잎을 저으며 존경한다고 가지를 숙였습니다.

이렇게 하여 용 두 마리와 뱀은 한자리이어서 반갑게 만났습니다. 이때 신은 없다고 하던 뱀이 자기 아들 용을 향해 화를 냈습니다.

"못 난 놈 같으니라구, 다 같은 용이면서 저 애는 저렇게 강물을 휘저어 구름을 타고 다니며 가뭄을 해결하고 온갖 것들의 인사를 받는데 넌 저 애보다 머리도 좋다는 것이 그 꼴이 뭐냐? 창피하다 창피해!"

아빠 뱀이 화를 내자 아들용은 고개를 들지 못하고 한쪽에 죄수처럼 숙이고 무릎을 꿇었습니다. 신을 믿는 뱀이 말했습니다.

"같은 용이라도 산으로 끌고 들어오면 용이 할 구실을 못하는 거야. 저 아이가 잘못했다고 나무라지 말게. 책임은 자네한테 있어."

이때입니다. 어디서 나타났는지 사람이 큰 소리로 웃어댔습니다.

"하하하하하!"

두 뱀과 용이 그쪽으로 눈길을 돌렸습니다.

"나를 알겠느냐?"

신을 믿는 뱀과 용은 그 자리에 무릎을 꿇었습니다.

"예 알겠습니다."

그러나 신을 믿지 않는 뱀은 엉뚱한 소리를 했습니다.

"오랜 가뭄으로 사람들이 다 죽어가는 마당에 당신은 어디 살다 왔소? 얼굴은 좋구면."

"그러냐? 넌 언제나 불만이 많아."

"제가 언제 불만을 했습니까?"

"너만 잘났다고 네 맘대로 살다가 안 되면 화를 냈잖으냐? 네 아들이 물이 좋다고 할 때 넌 뭐라고 했느냐? 용은 물로 가야 한다는 걸 알면서도 제가 뱀이니까 뱀이 하는 짓을 해야 한다고 하면서 저 용을 바보로 만들지 않았느냐? 그러고도 저 애한테 사과는 못할망정 원망을 해? 제대로 길러 놓고 그런 소리를 해야지. 그리고 신은 없다고 너 혼자만 잘난 척한 것도 실수였다. 네가 뭘 얼마나 알아서 신이 없다고 했느냐?"

이렇게 말한 사람은 신을 믿는 뱀과 용을 향해 말했습니다.

"너희들은 신을 인정하고 믿었으니 신의 보호를 받아 마땅하다. 신을 안 믿는 저 애들은 죽어 땅에 묻혀야 하고 신을 믿는 너희들은 영원히 죽지 않는 나라로 가야 한다. 자, 나를 따라 오너라."

사람은 신을 믿는 용과 뱀을 품에 안고 구름 위로 올라갔습니다.

공부는 잘하는가 보구나

내가 초등학교 4학년 때였다. 아버님이 나에게 '한글은 다 읽을 수 있느냐? 편지도 쓸 수 있으냐?' 물으셨다. 나는 칭찬받을 줄 알고 다 할 수 있다고 대답했다. 그 날 아버님의 말씀은 달랐다.

"그럼 됐다. 이제 학교 그만 다녀라."

이 말씀에 나는 강한 거부감을 느꼈고 그 날부터 아버님과 나는 숨바꼭질을 시작했다. 아버님은 나를 학교 못 가게 막고 나는 어떻게든지 아버지 눈을 피해 학교를 가고.

그렇게 하는 동안 6학년이 되었다. 그래도 나는 반장을 했고 졸업할 때는 경기도도지사상도 받았다. 가까스로 초등학교를 졸업하고 중학교는 갈 꿈도 못 꾸었다. 다른 아이들은 중학교 간다고 학교에서 과외 수업도 하고 참고서를 있는 대로 사다가 공부를 하는데 나는 진학을 포기했기 때문에 6학년 2학기 때부터 공부에는 관심도 두지 않았다.

그런데 중학교 입학시험을 앞두고 다른 아이들은 다 입학원서를 선생님이 단체로 제출했는데 나는 그런 것도 못하고 다른 아이들이 부러워 속으로만 울었다.

중학교 입학시험을 앞두고 삼일 전까지가 마감일인데 아버지가 나한테 '너도 중학교 시험 한번 봐라' 하시는 거였다. 나는 그 말씀이 얼마나 반갑고 귀가 번쩍 띄었는지 갑자기 하늘에라도 올라간 기분이었다. 나도 중학교 갈 수 있다고 생각하니 가슴이 터질 듯 기뻤어. 그래서 선생님께 달려가 달씀드렸다 '아버지가 중학교 시험 보시라고 했어요. 입학원서 써 주세요' 했더니 선생님 말씀이 '다른 아이들은 다 끝냈는데 입학원서가 없어서 어쩌나. 너 중학교에 가서 입학원서 받아올 수 있겠니?' 하시며 걱정스럽게 나를 바라보셨다.

'네 당장 달려가서 원서를 받아오겠습니다.'

'오늘이 마감일이라 빨리 갔다 오면 바로 써 가지고 또 달려가야 하는데 할 수 있겠어?'

'네 할 수 있어요.'

나는 이렇게 말하고 10킬로나 떨어져 있는 안성중학교로 달려가 입학원서를 받아들고 와서 선생님 도장을 받아 다시 학교로 갔다. 왕복 20킬로를 달려 마지막 5분 전에 입학원서를 접수했다.

너무 신이 나서 달렸던 거다. 당시 우리 군에는 중학교 셋이 있는데 내가 지원한 학교가 가장 우수한 학교였다. 그 학교 학생이 된다고 생각하면 아무 것도 힘들지 않았다. 우리 학교에서는 그 학교 지원한 아이들이 열 명 정도 되었고 나머지 애들은 다른 학교로 지원서를 냈다. 나는 입학시험에 합격했다.

아버지한테 '저 시험에 붙었어요.' 하니까 아버지가 하시는 말씀 한 마디는 '소문대로 공부는 잘하는가 보구나' 하실 뿐 아무 말씀도 안 하시는 거였다.

그 뒤로 아무 말도 안 하시고 입학금 준비도 하지 않으셨다. 그

래서 내가 '입학금을 내야 하는데요' 하니 '내가 언제 너 보고 중학
교 가라로 했냐? 공부를 잘한다니 시험이나 한번 보라고 했지' 하
셨다.

다른 아이들은 입학금을 내고 중학생이 되었다고 좋아하는데
나는 등록 마감이 되도록 돈을 내지 못하여 우울한 날을 보내야
했다. 어머니만 속이 타서 학교에 가서 사정을 해 보신 모양이다.
아버지는 내가 정말 공부를 잘 하는지 시험 삼아 해 보신 것이고
어머니는 애가 타서 학교에 가서 몇 등으로 붙었느냐고 물어 보셨
단다. 불행히도 4등으로 붙어서 입학금 면제를 받을 수 없다는 말
만 듣고 울면서 돌아오셨다.

그 후부터 어머니와 아버지 사이에는 날마다 언쟁이 시작되었
다. 어머니는 어떻게든 학교에 보내야 한다고 우기고 아버지는
'소는 어릴 때 제대로 일을 가르쳐야 일을 잘 하는 거여, 엇배기
소를 만들면 부려 먹기 힘들다는 걸 몰라? 사람도 마찬가지로 어
릴 때 막일을 시켜야 일을 하지 섣불리 공부시켰다가는 면서기도
못하고 농사꾼도 못 된다는 걸 몰라?' 이러시면 어머니는 '남들은
그 학교 원서도 못 내는 그 학교에 붙었는데 안 보내면 부모가 아
니에요' 하고 항의를 했지만 아버지는 더 이상 공부하는 것은 반
대셨다.

다른 아이들은 중학교를 다니는데 나는 아버지를 따라다니며
밭에 풀을 뽑고 소에게 풀을 뜯겨야 했다. 그러면서도 동네 누나
들한테 책을 빌려다 읽었다. 소가 돌아다니며 풀을 뜯는 동안 나
는 소설이든 잡지든 닥치는 대로 읽었다. 책을 읽은 것이 아니라

글자를 뜯어 먹었다고 해야 맞을 거다. 학교에서 공부를 못하니 각종 책에서 공부의 끈을 놓지 않았던 거다.

김말봉의 찔레꽃, 이광수의 사랑, 심훈의 상록수, 방인근의 벌레 먹은 장미……난 책만 보면 배고픈 누에가 뽕잎을 갉아 먹듯 닥치는 대로 읽었다. 책 읽고 공부하는 것이 좋았다. 나는 정말 글자를 파먹는 글자벌레였다. 그러나 아버지 모르게 책을 읽어야 했다. 아버지는 내가 책을 읽다가 들키면 똑같은 말씀을 하셨다. ‘흙 파먹고 사는 농사꾼 놈이 책은 무슨 책이냐? 바람 들어! 네 놈이 무슨 재주로 책이나 가지고 살겠다고 책만 좋아하는 거야? 당장 그 책 버리지 못해?’ 하셨다.

6·25 때(1952년) 우리 마을로 피난 온 서울 사람이 있었는데 그 사람 성이 어머니와 같아서 몇 년간 그 사람들은 우리 집 신세를 지고 살았다. 그러다가 서울 집을 찾았다면서 서울로 갈 때 아버지 모르게 나를 데리고 가서 취직을 시켜준다는 것이었다.

아버지는 나를 일소로 생각하시기 때문에 어떻게든 일소로 길들여야 한다고 생각하시었다. 그래서 나는 아버지 모르게 어머니와 짜고 정씨 부부를 따라 서울로 왔다.

잘하면 중국집에서 심부름을 하다가 기술을 배우면 요리기술자가 된다는 것이었다. 어린 나는 어른들이 하라는 대로 했지만 그 집에는 책이 없어서 마음의 배가 고팠다. 거기서 3개월이 지난 어느 날 외가가 있는 평택 중학교에 갈 수 있으니 내려오라고 하시어 신이 나서 서울을 떠나 평택으로 갔다. 그리고 공부를 시작하였다.

나는 아버님한테는 불효를 한 것이다. 농사꾼이 되어 소 몰고 논밭 갈고 흙에 묻혀 살았더라면 나는 효자가 되었을 거다. 그러나 내 속에는 아버지가 생각하는 내가 아닌 다른 꿈을 가진 인간이 들어 있었던 거다.

난 군인 대장이 되고 싶었고 전쟁 때 높이 날아가는 제트기를 보면서 비행기를 조종하는 공군이 되고 싶기도 했다. 그러나 내 환경은 나를 산 속으로 들어가는 용 새끼처럼 엉뚱한 길을 걸어야 했다. 책을 좋아하던 습성이 결국 나를 책과 사는 인생을 만들어 놓았다.

출판업 40년 외길 인생을 살며 동화작가가 되었다. 〈문어선생님〉, 〈왕따 대통령〉, 〈대왕 람세스와 집시〉, 〈어린공주〉 등 열다섯 권의 동화집을 내놓았다. 나는 숨을 멈추는 날까지 동화를 쓰가 갈 것이다.

나는 내 성장 모습과 아버지의 관계를 생각하면서 〈아빠 뱀 새끼용〉이라는 글을 썼다. 부모된 자는 자기의 직업이나 자기 취향에 맞는 자식으로 만들려고 하지 말고 자녀가 가진 소양을 파악하고 그것에 정진하도록 도와야 한다는 것이다.

축구선수 박지성 아버지 이야기나 미국에서 성공한 한인 앵커 주주 장의 아버지 장팔기 씨처럼 자식을 길러야 한다는 것이다.

파워 육아법

2011년 4월 1일 1판1쇄 인쇄
2011년 4월 5일 1판1쇄 발행
편저자 심 혁 창
발행자 심 혁 창
발행처 **도서출판 한글**
서울특별시 서대문구 북아현동221-7
☎ 02) 363-0301 /FAX 02) 362-8635
E-mail : simsazang@hanmail.net
등록 1980. 2. 20 제312-1980-000009

정가 10,000원

*

ISBN 97889-7073-339-6- 13330